Der Rechtsschutz geographischer Herkunftsangaben

DR. JUR. KARL MATTHIOLIUS
stellvertr. Syndikus der Industrie- und Handelskammer zu Solingen

1929
J. Schweitzer Verlag (Arthur Sellier) München, Berlin, Leipzig

Vorbemerkung.

Über den Gebrauch geographischer Herkunftsangaben ist eine Fülle höchstgerichtlicher Entscheidungen ergangen und eine große Zahl von Aufsätzen erschienen. Die Aufsätze beschränken sich jedoch überwiegend darauf, einzelne Probleme dieses Gebietes zu beleuchten. Die verhältnismäßig wenigen aber, die das Thema in seiner Gesamtheit behandeln, bringen im Anschluß an die Rechtsprechung vornehmlich ein Kasuistik der praktischen Fälle, die zumeist nach den Waren, auf die sich die Herkunftsangaben beziehen, geordnet ist. Da bei dieser Form der Untersuchung naturgemäß eine Reihe wichtiger Fragen nicht geklärt werden kann, glaubte ich eine Förderung der Erkenntnis der Gesamtheit des vorliegenden Problems durch eine in der deutschen Literatur meines Wissens bisher nicht vorhandene systematische Darstellung versuchen zu sollen.

Ich hoffe, daß meine Arbeit nicht nur geeignet ist, die Aussprache über manche noch nicht genügend geklärte Fragen auf diesem Gebiet wachzuhalten oder gar anzuregen, sondern daß sie auch der Praxis die rechtlichen Voraussetzungen aufzuzeigen vermag, von denen der Gebrauch der im Warenverkehr so wichtigen geographischen Herkunftsangaben abhängig ist.

Karl Matthiolius

Solingen, Februar 1929.

Inhaltsübersicht.

A. Einleitung.

Die wirtschaftliche Bedeutung der geographischen Herkunftsangaben.

a) Der Rechtsschutz geographischer Herkunftsangaben ist nicht Selbstzweck. Die ihm gewidmeten Rechtsnormen haben nicht die Aufgabe, das Wahre um der Wahrheit willen zu schützen, vielmehr dienen sie der jeder Rechtsordnung zu Grunde liegenden Notwendigkeit, vorhandene oder mögliche Beziehungen der Glieder einer gemeinsamen Gesellschaftsordnung zu regeln und namentlich etwa zwischen ihnen erwachsende Störungen auszuräumen. Maßgebend für Entstehung und Entwicklung des Rechtsschutzes geographischer Herkunftsbezeichnungen ist daher ihre Stellung und Bedeutung im wirtschaftlichen Leben.

Es ist allgemein bekannt, daß es zahlreiche Waren gibt, bei denen Güte und geographische Herkunft in unmittelbarer Beziehung zueinander stehen. Meißner Porzellan, Solinger Schneidwaren, Brüsseler Spitzen, Münchener und Pilsener Bier werden in den Orten, die ihre Herkunft bezeichnen, regelmäßig in besserer Beschaffenheit hergestellt als in beliebigen anderen Produktionsstätten. Den Ursachen dieser Erscheinung soll – soweit sie rechtlich von Bedeutung sind – später im einzelnen nachgegangen werden (s. S. 22 ff.). Es genügt hier festzustellen, daß zahlreiche Waren, die unter dem Namen ihres Ursprungsortes berühmt geworden sind, ihre hohe Qualität besonderen klimatischen oder geologischen Einflüssen, die gerade an diesem Orte wirksam sind, verdanken. Hierzu rechnen namentlich diejenigen Produkte, die nach ihrer Gewinnung in der Urform keine oder nur noch geringe Bearbeitung durch Menschenhand erfahren. Man denke an Erze, Salze, Mineralwässer, Oele usw. Daneben aber gibt es auch Waren bekannter Herkunftsorte, die in keiner Weise mehr von den örtlichen Naturkräften beeinflußt werden, die ihren besonderen Wert vielmehr der außergewöhnlichen Erfahrung und Geschicklichkeit ihrer unmittelbaren und mittelbaren Erzeuger verdanken, die sich häufig auf eine gerade an diesem Orte lebendige von Generation auf Generation vererbte oft

Jahrhunderte alte Ueberlieferung stützen. Hierbei handelt es sich vornehmlich um industrielle Fertigerzeugnisse, deren Herstellung besondere Fachkenntnisse erfordert. Es sei dabei an optische Instrumente, Schneidwaren, Porzellan, Uhren usw. gedacht. Zwischen diesen beiden sich polar gegenüberstehenden Warengruppen gibt es eine große Zahl von Zwischenstufen, bei denen sowohl örtliche Naturkräfte wie auch die besondere Erfahrung der Erzeuger Bedingungen zur Erzielung ihrer Eigenart setzen. Hier sei in erster Linie an Wein, Bier, Käse und ähnliches erinnert.

Wenn aber auch die Ursachen der besonderen Beschaffenheit außerordentlich verschieden sind, so ist doch allen diesen Waren das gemeinsam, daß sie sich im Verkehr eines besonderen Ansehens erfreuen. Sind die Voraussetzungen hinsichtlich Preis, Ausstattung und dergleichen gleichermaßen bei Waren verschiedener Herkunft gegeben, so wird der Abnehmer wohl stets dasjenige Erzeugnis wählen, das dem Produktionsorte entstammt, der für Waren dieser Art besonderen Ruf genießt. Der Verkehr erblickt nämlich in der bekannten Herkunftsbezeichnung eine Garantie für die Güte der Ware, die seine Entschließungen maßgeblich beeinflußt.[1])

b) Daß eine solche Vorrangstellung der Waren berühmten Ursprungs nicht unangefochten bleibt, liegt in der Natur menschlichen Handelns allgemein und kaufmännischen Wettbewerbs im besonderen begründet. Die stärkste Triebfeder des Mißbrauchs geographischer Herkunftsangaben ist die Tatsache, daß für Waren bekannter Herkunft regelmäßig die Nachfrage größer und die Preise infolgedessen höher sind. Diese Preisspanne sich ganz oder häufiger zum Teil durch die meist schwer erkennbare Verfälschung der Herkunftsangabe zu eigen zu machen, ist das entscheidende Motiv des hier in Rede stehenden unlauteren Wettbewerbs. Der Gewinn dabei ist insofern ein doppelter, als die Hersteller von Waren bekannter Herkunft regelmäßig auf die Erzeugung

[1]) RG in MW XXIII S. 163. „Denn der Verkehr legt bei bestimmten Erzeugnissen Wert darauf, daß sie an der ursprünglichen Herkunftsstätte erzeugt sind, weil sich an diesem Ort eine gewisse Tradition für die Erzielung einer hervorragenden Beschaffenheit der betreffenden Ware durch besonders geübte Arbeiter oder durch Vererbung nicht allgemein bekannter Herstellungsmethoden erhalten hat, oder weil sich dort vorhandene wesentliche Bestandteile des Erzeugnisses ihrer Beschaffenheit nach zur Verwendung ganz besonders eignen oder aus anderen ähnlichen Gründen. Deshalb gibt der Verkehr einem Erzeugnis, aus dessen Bezeichnung er die Herstellung an der altbekannten Ursprungsstätte entnimmt, vielfach den Vorzug vor vielleicht gleich guter aber nicht an der letzteren erzeugten Ware."

besondere – selbstverständlich verteuernde – Sorgfalt verwenden. Sei es, daß sie den Boden, dem sie die Produkte entziehen, außergewönlich pflegen, sei es, daß sie sich bei der Herstellung qualifizierter Halbfabrikate und hoch bezahlter Facharbeiter bedienen. Der Mißbraucher, der diese Auslagen erfahrungsgemäß nie aufwendet, erhält jedoch das dafür einzukalkulierende Entgelt und zieht außerdem Nutzen aus dem durch die größere Nachfrage bedingten höheren Preis des echten Erzeugnisses.

Erleichtert wird der Mißbrauch geographischer Herkunftsangaben dadurch, daß der Laie meist über sehr geringe Warenkenntnisse verfügt und daß es für ihn fast immer – jedenfalls im Augenblick des Kaufes – unmöglich ist festzustellen, ob die angebotene Ware tatsächlich die behauptete Herkunft hat. Dazu kommt, daß in seltenen Fällen Mißbräuche geographischer Herkunftsangaben schon in ihren Anfängen verfolgt werden, da von der betrogenen Schar der an einem Orte ansässigen Hersteller sich nur schwer ein einzelner entschließen wird, gegen den Verletzer vorzugehen. Ein Zusammenschluß aller Beteiligten zu diesem Zwecke wird im allgemeinen erst erfolgen, wenn der Mißbrauch schon bedrohlichen Umfang angenommen hat. Ein weiterer Anreiz zur Benutzung falscher Herkunftsangaben muß darin gefunden werden, daß die Nachfrage nach den Waren „echter" Herkunft häufig (z. B. infolge schlechter Ernten, Streiks und dergleichen) nicht gedeckt werden kann. Um den Kunden nicht zu verlieren, wird alsdann zeitweise oder ständig eine falsche Herkunftsangabe benutzt.

c) Verletzt durch den Mißbrauch geographischer Herkunftsangaben werden die Interessen der Abnehmer, der Hersteller in den in Betracht kommenden Orten und sämtliche in allen anderen Orten ansässigen Mitbewerber des Verletzers. Die Abnehmer werden dadurch getäuscht, daß sie statt der verlangten Ware, die sie auf Grund des in den bekannten Herstellungsorten gesetzten Vertrauens zu kaufen beabsichtigen, eine andere Ware erhalten, die nicht den an sie gestellten Voraussetzungen genügt. Häufig werden sie auch in ihrem Vermögen geschädigt, da sie ja nicht selten für die angeblich echte Ware einen Preis bezahlen müssen, der nicht gerechtfertigt ist. Die Hersteller an dem wahren Herkunftsorte werden unmittelbar dadurch geschädigt, daß für sie die Aufträge verloren gehen, die mit der falschen Herkunftsangabe versehen ausgeführt werden. Die Erfahrung lehrt, daß es sich gerade bei den Waren, die die wertvollsten Ursprungsangaben tragen, dabei immer um außerordentlich große

Mengen handelt.[1]) Die mittelbare Schädigung ist aber häufig noch größer. Die widerrechtlich mit einer bekannten Herkunftsangabe versehenen Waren sind – wie schon erwähnt – in zahlreichen Fällen bei weitem minderwertiger als die Waren echten Ursprungs. Die Käufer, die im Augenblick des Kaufes die Güte der Erzeugnisse nicht prüfen können und die Unbrauchbarkeit oder Minderwertigkeit erst während des Gebrauchs feststellen, werden fortan eine Abneigung gegen Ware haben, die ihnen unter der gleichen Herkunftsangabe angeboten werden. Eine gute Ware kann durch eine unter ihrem Namen vertriebene minderwertige Ware vollständig in Verruf geraten. Ein Name, der früher einmal die größte Anziehungskraft ausübte, kann auf solche Weise zu einem Abschreckungsmittel werden. Schädigungen dieser Art treten namentlich leicht im Auslande auf, das überdies häufig geneigt sein wird, diese eine schlechte Erfahrung zu Ungunsten der gesamten Industrie des Ursprungslandes zu verallgemeinern. Aber auch alle anderen Mitbewerber ohne Rücksicht auf den Ort, in dem sie produzieren oder Handel treiben, werden durch den Mißbrauch geographischer Herkunftsangaben in ihren Interessen verletzt. Es ist selbstverständlich, daß ihr Bemühen, Waren, die nicht einem beliebten Produktionsort entstammen, unter wahrer oder ohne Ursprungsangabe in Verkehr zu bringen, in dem Maße erschwert ja geradezu unmöglich gemacht wird, in dem Waren in den Handel kommen, die rechtmäßig oder unrechtmäßig die Angabe des berühmten Herkunftsortes tragen. Ihre Verkaufsmöglichkeit wird namentlich dadurch in unlauterer Weise eingeengt, daß die Mißbraucher echter Herkunftsangaben ihre Waren – unbeschadet der oben gemachten grundsätzlichen Ausführungen über die hauptsächlichen Motive eines unlauteren Wettbewerbs dieser Art – meist zu Preisen anbieten, die mehr oder weniger

[1]) GR XXXII S. 442 gibt Froese an, im Betriebsjahr 1925/26 seien von den deutschen Brauereien (außer den bayrischen) $6^1/_4$ Millionen Hektoliter Bier unter der Bezeichnung „Pilsener", „nach Pilsener Art", „Deutsches Pilsener" oder „Pils" abgesetzt worden. Sehr deutlich macht den Umfang unlauteren Wettbewerbs auf diesem Gebiet auch eine Schrift klar, die 1923 vom Verband bayrischer Versandbrauereien e. V. in München unter dem Titel „Das schwarze Buch der Bierreklame" herausgegeben worden ist. Auf 50 Seiten sind hier nahezu 200 Abbildungen von Flaschenetiketten, Zeitungsinseraten, Preislisten usw. vereinigt, in denen in den verschiedensten Formen der Name „München" mißbraucht wird. Bei der Durchsicht dieser Zusammenstellung drängt sich die Frage auf, ob es überhaupt möglich ist, ohne Aufwendung besonderer im Verkehr nicht üblicher Sorgfalt echtes Münchener Bier zu erhalten. Schneidwaren, die den Namen „Solingen" tragen, aber in Thüringen oder im Auslande hergestellt sind, haben dem Verfasser in Hunderten von Mustern vorgelegen. Ihre jährliche Produktion kann auf mehrere Tausend Doppelzentner geschätzt werden.

unter denen der echten Erzeugnisse liegen. Dieser selbstverständlich auch den Erzeuger „echter" Ware sehr schädigende - da preisdrückend wirkende - Umstand ist für die Hersteller oder Händler von Waren, auf denen wahrheitsgemäß kein bekannter Herkunftsort angegeben ist, deshalb so schädlich, weil die Käufer bei geringem oder gar nicht vorhandenem Preisunterschied – wie schon gesagt – die gezeichnete Ware wählen und somit die ungezeichnete keinen Absatz mehr findet.

Der Mißbrauch geographischer Herkunftsangaben ist demnach wirtschaftlich gekennzeichnet als sowohl in der Form wie in der Wirkung besonders schwerer unlauterer Wettbewerb. Die Tatsache, daß durch ihn in häufig nur bei Aufwendung besonderer Sorgfalt meist für den Verkehr jedoch überhaupt nicht erkennbaren Weise die unmittelbaren und mittelbaren Mitbewerber und auch das breite Publikum empfindlich geschädigt werden, macht es der Rechtsordnung zur Aufgabe, die zu seiner Unterdrückung geeigneten Maßnahmen zu ergreifen.

B. Hauptteil.

I. Die rechtliche Bedeutung der geographischen Herkunftsangaben.

A. Die rechtlich schutzwürdigen geographischen Herkunftsangaben.

a) Nachdem die Erkenntnis gewonnen ist, daß hohe wirtschaftliche Interessen an einem Rechtsschutz geographischer Herkunftsbezeichnungen bestehen, ist die Frage zu beantworten, ob der als notwendig anerkannte Rechtsschutz sich schlechthin auf alle geographischen Herkunftsangaben oder aber nur auf einen Teil von ihnen – und zwar welchen – erstrecken muß. Sprachlich ist unter geographischer Herkunftsangabe jede Angabe zu verstehen, die einen nach geographischen Gesichtspunkten abgegrenzten räumlichen Bezirk der Erdoberfläche kennzeichnet. Diese sprachliche Erläuterung des Begriffs fördert jedoch nicht die Erkenntnis des Wesens einer rechtlich bedeutsamen Herkunftsangabe. Ist die Benutzung geographischer Herkunftsangaben unter gewissen Voraussetzungen eine besondere Form unlauteren Wettbewerbs, so muß sie nach den gleichen Grundsätzen beurteilt werden wie der unlautere Wettbewerb allgemein. Für die Beantwortung der Frage, welche dieser Angaben rechtlich überhaupt beachtlich sind, kann deshalb vorteilhaft ein Satz aus der Begründung zum UWG von 1896 herangezogen werden: „Es würde über die Zwecke des Gesetzes hinausgreifen, wenn man unwahre tatsächliche Angaben schlechthin wegen ihrer Unwahrhaftigkeit und ohne Rücksicht auf die Wirkung, welche sie im Verkehr ausüben können, zur Verantwortung ziehen wollte". Hier ist also ganz allgemein der Grundsatz ausgesprochen, daß nur solche Angaben „zur Verantwortung gezogen" d. h. Gegenstand rechtlicher Fürsorge werden können, die nicht nur unwahrhaftig sind, sondern auch gleichzeitig im Verkehr eine Wirkung ausüben können. Erst sie treten aus der Sphäre des rechtlich Irrelevanten in die des rechtlich Bedeutsamen ein. Geographische Herkunftsangaben vollziehen diesen Schritt in dem Augenblick, in dem sie Element des Wettbewerbs werden. „Wettbewerb im wirtschaftlichen Sinne ist der Kampf mehrerer, mindestens zweier, Personen (oder Personengruppen), von denen die eine vor der anderen einen Vorrang erstrebt. Wettbewerbshandlungen sind sowohl die auf Förderung des eigenen Wettbewerbs als auch die auf Beeinträchtigung der Mitbewerber gerichteten Handlungen." [1]) Inhalt solcher Handlungen zu werden sind geographische Ursprungsbezeichnungen jedoch erst dann geeignet, wenn sie über die Kennzeichnung des geographischen Bezirks, aus dem die Ware stammt, hinaus etwas über das Wesen, den Wert oder die Beschaffenheit der Ware aussagen. Dem Abnehmer ist es an sich durchaus gleichgültig, wo das von ihm begehrte Erzeugnis hergestellt ist, wenn es nur in Preis und Beschaffenheit seinen Anforderungen genügt. Die geographische Ursprungsangabe wird für ihn erst beachtenswert, wenn zwischen ihr und diesen beiden seine Entschlüsse bestimmenden Faktoren ein unmittelbarer oder mittelbarer Zusammenhang besteht. Dies ist regelmäßig nur dann der Fall, wenn der Ursprungsort für Waren der in Betracht kommenden Art aus einem der oben erwähnten Gründe besonderen Ruf genießt, wenn mit anderen Worten in den beteiligten Verkehrskreisen schon in der Ortsangabe die Kennzeichnung besonderer Beschaffenheit oder gar eine Garantie für die Güte des Erzeugnisses erblickt wird.

Die Entwicklung einer rechtlich unerheblichen geographischen Herkunftsangabe zu einer rechtlich schutzwürdigen sei an einem Beispiel, das das R.G.[2]) beschäftigt hat, aufgezeigt. Norddeutsche Fischhändler führten lange Zeit Rollmöpse in größerem Umfange nach Berlin ein und vertrieben sie dort und in anderen Gegenden Deutschlands unter dem Namen „Berliner Rollmöpse". Später siedelte sich die Klägerin in Berlin an, faßte in verschiedenen Gegenden Mitteldeutschlands festen Fuß und verdrängte die norddeutschen Fischmarinadengeschäfte – darunter auch die Beklagte – mehr und mehr. Der auf Unterlassung der Benutzung der Bezeichnung „Berliner Rollmöpse" gerichteten Klage wurde mit der folgenden Begründung stattgegeben. Zu der Zeit, als der Name „Berliner Rollmops" unter den norddeutschen Fischhändlern aufgekommen sei, habe eine irgendwie erhebliche Industrie, die sich mit der Herstellung

[1]) Rosenthal S. 1.
[2]) RG in MW XIV, 262 ff.

dieser Waren befaßte, in Berlin nicht bestanden. Solange dieser Zustand angedauert habe, sei der Gebrauch der Bezeichnung für nicht aus Berlin kommende Rollmöpse zu einer Täuschung des Publikums nicht geeignet gewesen; wenn das Publikum auch (irrig) angenommen habe, daß die ihm als „Berliner Rollmöpse" angebotene Ware aus Berlin stamme, so sei doch dieser Irrtum bis dahin belanglos gewesen. Das sei jedoch nach dem Erscheinen der Klägerin und der Verdrängung der übrigen Marinadengeschäfte durch sie anders geworden. Nunmehr sei der Ausdruck geeignet geworden, das Publikum zu täuschen. Es könnten diejenigen, die das ihnen bekannt gewordene Fabrikat der Klägerin wünschten, durch die Bezeichnung „Berliner Rollmops" für andere als nicht aus Berlin stammende Ware in den Irrtum versetzt werden, es handele sich bei der ihnen so angebotenen Ware um ein wirklich aus Berlin stammendes Fabrikat. Es habe die genannte Bezeichnung für den Verkehr jetzt eine wirtschaftliche Bedeutung erlangt; der Verkehr lege jetzt Gewicht auf die Herkunftsbezeichnung „Berlin". Damit sei auch die Gefahr einer Täuschung begründet, wenn nicht aus Berlin stammende Ware als Berliner Ware angeboten werde.

Die Entscheidung findet also das Kriterium für die Frage, ob eine Herkunftsbezeichnung schutzwürdig sei oder nicht in der Tatsache, daß eine Ursprungsangabe zu einer „wirtschaftlich bedeutsamen Angabe" über die Herkunft der Ware geworden ist. Ist die Angabe nicht wirtschaftlich bedeutsam – treffender scheint der Ausdruck „wettbewerblich bedeutsam" – so liegt ein Rechtsschutzbedürfnis regelmäßig nicht vor. Es sei z. B. daran gedacht, daß ein Kaufmann die in Barmen hergestellten Spitzen mit der Angabe „Bonner Spitzen" versieht. Eine solche Bezeichnung könnte zu Bedenken keine Veranlassung geben, da in Bonn eine Spitzenindustrie, deren Erzeugnisse sich eines besonderen Rufes erfreuen, nicht ansässig ist. Ganz anders wäre der Fall zu beurteilen, wenn der Barmer Fabrikant, seine Waren als „Brüsseler Spitzen" anböte, ist doch Brüssel als Herstellungsort hervorragend guter Spitzen weltbekannt. Demgemäß stellt die Rechtssprechung regelmäßig fest, ob eine Herkunftsangabe „mit Rücksicht auf die Wertschätzung, deren sich die an dem genannten Orte hergestellte Ware erfreut", geeignet ist, den Anschein eines besonders günstigen Angebotes hervorzurufen.[1]) Das Schweizer Markengesetz vom 26. 9. 1890 hat sich dieser Erkenntnisse bedient, indem es in Teil II

[1]) Z. B. RG in MW XXIII, 136, 162, XXIV 7, 138.

Art. 18 der Herkunftsbezeichnung folgende Legaldefinition gibt: „Als Herkunftsbezeichnungen werden angesehen der Name einer Stadt, Ortschaft, Gegend oder eines Landes, welcher einem Erzeugnis seinen Ruf gibt." Die deutsche Gesetzgebung, auf die in anderem Zusammenhang eingegangen werden wird, kennt eine solche Formulierung des Tatbestandes jedoch nicht. Sie erübrigt sich m. E. auch, da in einer Wettbewerbshandlung regelmäßig nur solche Orte benutzt werden, die sich als Herstellungsorte bestimmter Waren eines guten Rufes erfreuen. Die Wahl eines anderen Ortes wäre sinnlos, da sie dem Abnehmer über die Beschaffenheit der Ware etwas auszusagen nicht geeignet wäre.

b) Eine rechtlich erhebliche Herkunftsangabe entsteht also regelmäßig durch die Einwirkung zweier Faktoren, nämlich die Vorstellung von der Herkunft der Ware aus einem begrenzten geographischen Bezirk einerseits und einer bestimmten Warenbeschaffenheit andererseits. „Letzten Endes ist die Wechselwirkung von geographischer und Beschaffenheitsangabe, die zum Teil unbewußt in der Vorstellung der Abnehmer stattfindet, der Grund für ein Rechtschutzbedürfnis der geographischen Herkunftsangaben."[1]) Als rechtlich erheblich können daher nur diejenigen geographischen Herkunftsangaben im Warenverkehr angesehen werden, bei denen sich

1. die Vorstellung von der Herkunft der Ware aus einem bestimmten geographischen Bezirk,
2. mit der Vorstellung einer eigentümlichen Warenbeschaffenheit

verbindet.

Alle diese Voraussetzungen nicht genügende Ursprungsangaben scheiden somit aus dem Kreis der rechtlich schutzwürdigen geographischen Herkunftsangaben aus. Hierher gehören:

1. scheinbar geographische Herkunftsangaben,
2. Warennamen, deren ursprünglich geographischer Charakter vollständig aus dem Bewußtsein des Verkehrs geschwunden ist,
3. Geographische Namen, die nach Handelsbrauch zur Benennung gewisser Waren dienen, ohne deren Herkunft bezeichnen zu sollen.

[1]) Becker „Herkunftsangabe und Qualitätsbezeichnung" in GR XXVII S. 118.

B. Die rechtlich nicht schutzwürdigen geographischen Herkunftsbezeichnungen.

a) Pseudo-Herkunftsangaben.

Es gibt eine Reihe von Warennamen, die auf den geographischen Ursprung der Ware zu deuten scheinen, die jedoch tatsächlich anderen Charakter tragen. So sind Wiener Würstchen nicht aus Wien stammende Fleischwaren, sondern solche, die in einer Art hergestellt sind, wie sie von einem Metzger Wiener erstmalig aufgebracht worden ist. Frankfurter Würstchen wurden von einem Metzger Frankfurter zuerst in Verkehr gebracht. Cassler Rippenspeer verdankt seinen Namen einem Koch namens Cassler. Landauer stammen nicht aus Landau, sondern sind Wagen einer Konstruktion, die ein Engländer Landow eingeführt hat. Mekka Teppich sind Gebetteppiche, die von Mekkapilgern benutzt werden.[1]) Diese Bezeichnungen können, obwohl der Verkehr mit ihnen die Vorstellung einer bestimmten Beschaffenheit verbindet, nicht als geographische Herkunftsbezeichnung in rechtlicher Hinsicht angesehen werden, da die Beziehung zu einem geographischen Bezirk fehlt. Es wäre jedoch denkbar, daß die betreffenden Gewerbezweige an denjenigen Orten, die in diesen Pseudo-Herkunftsangaben scheinbar genannt sind, durch besondere Pflege, die sie der Erzeugung gerade dieser Ware widmen, im Laufe der Zeit einen solchen Ruf erwerben, daß diese Bezeichnungen zu geographischen Herkunftsangaben werden. Eine solche Entwicklung könnte m. E. dadurch begünstigt werden, daß Waren der gleichen Art in bestimmten Orten in besonderer Güte angefertigt werden, sodaß der Verkehr sich daran gewöhnt, von Waren dieser Art anzunehmen, sie seien hochwertig, sofern sie unter einer Herkunftsangabe in Verkehr gebracht werden. Es sei dabei an die Verhältnisse auf dem Wurstmarkt gedacht, wo Bezeichnungen wie „Braunschweiger Wurst", „Halberstädter Würstchen" usw. eingeführt sind. Praktisch ist eine solche Entwicklung einer Pseudo-Herkunftsbezeichnung zu einer echten Ursprungsangabe in den genannten Fällen kaum zu erwarten, da der Gebrauch dieser Bezeichnungen ein zu allgemeiner ist.

---

[1]) Vgl. Niebour „Wann sind unrichtige Herkunftsangaben täuschend?" in MW XIX S. 20.

b) Warennamen, deren ursprünglich geographischer Charakter vollständig aus dem Bewußtsein des Verkehrs geschwunden ist.

Bei zahlreichen Warennamen ist der ursprünglich geographische Charakter so vollständig aus dem Bewußtsein des Verkehrs geschwunden, daß sich seiner nur noch besonders interessierte Kreise erinnern. Für das Durchschnittspublikum sind diese Namen nichts als die Bezeichnung dieser Ware schlechthin. Niebour [1]) nennt z. B. folgende: Keramik-Kerameikos (Töpfermarkt im alten Athen), Alabaster-Alabastron (Aegypten), Fayence-Faënza (Italien), Krawatte-Halsbinde der Kroaten, Tüll-Tulle (Frankreich), Satin-Zeitun (China), Fez-Fez (Afrika), Kutsche-Kocs (Ungarn), Pergament-Pergamos, Korinthen-Korinth. Becker[2]) führt an: Gaze-Gaze, Cheviot - Cheviot-Hills (englisch - schottisches Grenzgebirge), Bronze-Brundisium, Ammoniak - Oase des Jupiter Amon, Ulster - irische Grafschaft, Wallach-Wallachei. Die französische Sprache kennt ebenfalls eine große Zahl solcher Worte, von denen hier nur genannt seien: berline-viersitziger Wagen, florentine-atlasartige Seide, napolitaine-leichter Wollstoff, persique-Pfirsich.[3])[4]) Eine Rückentwicklung dieser Warenbezeichnungen zu echten Ursprungsangaben ist nicht mehr denkbar, da sie vollständig in den Sprachschatz vieler Völker übergegangen sind, ohne daß ein Rest der Erinnerung an ihren ursprünglich geographischen Charakter zurückgeblieben ist.

c) Gattungsbezeichnungen.

1. Die weitaus wichtigste Gruppe der Warennamen, die als rechtlich nicht schutzwürdig angesehen werden müssen, ist die der „Gattungsbezeichnungen". Zu Gattungsbezeichnungen im weiteren Sinne gehören auch die unter a und b behandelten Warennamen, im engeren Sinne werden jedoch nur solche Warennamen dazu gerechnet, deren sprachlich geographischer Charakter echt und noch deutlich erkennbar ist. Es sei erinnert an „Teltower Rübchen", „Berliner Pfannkuchen", „Wiener

[1]) MW a. a. O. XIX S. 21.
[2]) GR XXVII S. 118.
[3]) Goldfeld „Geographische Namen als Qualitätsbezeichnungen im französischen Sprachgebrauch" GR in IX S. 149.
[4]) Weitere Beispiele in einem Beitrag von Dr. Borgius im „Tag" vom 13. 9. 1910.

Schnitzel", „Schweizer Käse", „Italienischer Salat", „Berliner Blau", „Schweinfurter Grün" usw. Die deutsche Gesetzgebung bezeichnet solche Angaben im § 16, 2 WZG als „Namen, welche nach Handelsbrauch zur Benennung gewisser Waren dienen, ohne deren Herkunft bezeichnen zu sollen" und im § 5, 1 UWG als „Namen, die im geschäftlichen Verkehr zur Benennung gewisser Waren oder gewerblicher Leistungen dienen, ohne deren Herkunft bezeichnen zu sollen". Diese Bestimmungen besagen, daß Herkunftsangaben, die nach der Verkehrsanschauung zu reinen Gattungsbezeichnungen geworden sind, zur Kennzeichnung von Waren bestimmter Art verwendet werden dürfen, gleichviel wo diese Waren gewonnen oder erzeugt worden sind.

Nach dem oben über die wettbewerbliche Bedeutung geographischer Herkunftsbezeichnungen Gesagten ist es nicht schwer, eine deutliche Vorstellung von der Entstehung von Gattungsbezeichnungen zu gewinnen. Es sei hier eine Entscheidung des Patentamtes [1]) angeführt, die in sehr klarer Weise die Linien einer solchen Entwicklung aufzeichnet:

„Solche Ortsangaben, welche nicht von vornherein als Beschaffenheitsangaben in den Verkehr eingeführt werden, entwickeln sich naturgemäß nur sehr langsam zu Beschaffenheitsangaben. Die ersten, welche eine ursprüngliche Herkunftsangabe als Beschaffenheitsangabe benutzen, handeln gewöhnlich nicht im guten Glauben. Es kommt ihnen meist nicht darauf an, nur die Beschaffenheit ihres Fabrikates zum Ausdruck zu bringen, sondern sie wollen lediglich von dem guten Ruf, den das echte Fabrikat genießt, die gleichen Vorteile für ihr billigeres, wenn auch gleich gutes Fabrikat ziehen. Sie täuschen mithin den Konsumenten über die wahre Herkunft und den Herstellungspreis der Ware. Dieser Mangel an gutem Glauben macht aber in der Jetztzeit, welche für die Wahrheit der Warenbezeichnungen im Handelsverkehr ein verfeinertes Rechtsgefühl hat, die Feststellung einer Herkunftsangabe als Beschaffenheitsangabe zunächst unmöglich. Es muß erst eine zweite Reihe von Benutzern erstehen, welche den Gebrauch der Ortsangabe als Beschaffenheitsangabe vorfindet und ihn im guten Glauben von den ersten Benutzern übernimmt und denen es gelingt, allgemein die Anschauung auch bei den Konsumenten zu verbreiten, daß die Ortsangabe keine Herkunftsangabe mehr ist. Man wird also die Ent-

---

[1]) MW VIII S. 104.

wicklung erst dann als abgeschlossen ansehen können, wenn nicht sowohl die Mehrheit die Ortsangabe gebraucht hat, sondern vielmehr erst dann, wenn auch die Minderheit, abgesehen von der rein historischen Erinnerung, das Bewußtsein, daß es sich bei der betreffenden Ortsangabe ernsthaft um eine Herkunftsangabe handele, verloren oder aufgegeben hat."

Das Patentamt läßt bei dieser sonst ausgezeichneten Darstellung außer acht auf den m. E. sehr wesentlichen Anteil hinzuweisen, den die Lässigkeit des Verkehrs in der sprachlichen Kennzeichnung von Waren an der Entstehung von Gattungsbezeichnungen hat. Haben nämlich die Abnehmer den Namen einer Ware bestimmter Herkunft dank ihrer besonderen Güte oder der um sie gemachten Reklame sich eingeprägt, so neigen sie oft mit Rücksicht auf die Schnelligkeit, mit der sich der geschäftliche Verkehr abspielt, dazu, Waren dieser Art fortan nicht mehr bei ihrer Artbezeichnung unter Hinzufügung der Ursprungsangabe zu benennen, sondern abkürzend für sie ein dem Ursprung entlehntes Schlagwort zu benutzen. Es sei daran erinnert, daß es in vielen Kreisen üblich ist, Sicherheits-Rasierapparate ohne Rücksicht auf den Ursprung schlechthin „Gilette-Apparate" zu nennen. Borgius[1]) führt – vielleicht in Ueberspannung des sprachlichen Elementes – aus, es werde ein mit einer geographischen Angabe neu auftauchender Artikel sprachlich sozusagen auf eine schiefe Ebene gelegt: er habe von vornherein eine gewisse Tendenz immer weiter in der Richtung der Gattungsbezeichnung herunterzugleiten. In dieser Richtung werde er von denjenigen Produzenten, deren Produkte mit dem Originalartikel konkurrieren, noch nach Kräften geschoben. M. E. wirken bei der Entwicklung einer Ursprungsangabe zur Gattungsbezeichnung regelmäßig beide Faktoren ein: die Lässigkeit des Verkehrs in der sprachlichen Kennzeichnung von Waren und der Mißbrauch der Mitbewerber. Welcher Faktor zuerst wirksam wurde und welcher sich im Verlauf der Umwandlung als stärker erweist, ist nach dem Einzelfalle zu beurteilen; die Beantwortung dieser Frage kann für die Feststellung ob die Entwicklung zu einer Gattungsbezeichnung abgeschlossen ist von Wert sein. Um das oft Willkürliche der Entstehung einer Gattungsbezeichnung stärker zu betonen als es in dem Bilde des Gleitens auf einer schiefen Ebene geschieht, möchte ich lieber von einer Verwässerung der echten geographischen Angabe sprechen und zwar in dem

[1]) Protokoll S. 23.

Sinne, daß das Bewußtsein des Verkehrs von der Herkunft der Ware aus einem bestimmten geographischen Bezirk so stark verwässert wird, daß es gegenüber der Vorstellung einer gewissen Warenbeschaffenheit sich nicht mehr durchzusetzen vermag.

Die Entstehung einer Gattungsangabe aus einer Herkunftsangabe kann durch mancherlei Umstände begünstigt werden. Namentlich muß hier an den Mißbrauch wertvoller geographischer Ursprungsangaben industriell hochentwickelter Länder durch neu entstehende Industrien in Ländern geringerer Industrialisierung gedacht werden. Diese Industrien bedienen sich erfahrungsgemäß häufig zu ihrer Einführung des in dem Namen ihrer älteren Artgenossen investierten guten Rufes. Sie können das umso leichter tun als der gewerbliche Rechtschutz dieser Länder meist noch nicht sehr ausgebaut ist. Die Industrie eines solchen Landes wird später geneigt sein, darauf hinzuweisen, daß sie die beanstandeten Bezeichnungen „seit langem ungehindert" benutze. Sie berücksichtigt dabei nicht, daß solcher Mißbrauch nur infolge der Mangelhaftigkeit der Landesgesetze möglich wurde und daß damit seine Unrechtmäßigkeit in keiner Weise abgeschwächt wird. So wird der Bestand echter geographischer Herkunftsbezeichnungen oftmals gerade vom Ausland her sehr gefährdet und zwar tritt diese Gefahr namentlich bei wertvollen Ursprungsangaben auf, die sich auf Ausfuhrerzeugnisse beziehen.

Der stärkste einer solchen Entwicklung Vorschub leistende Faktor ist jedoch nicht so sehr das aktive Handeln Dritter als vielmehr die Passivität der unmittelbar Betroffenen. Eine Herkunftsbezeichnung kann sich nicht zur Gattungsangabe entwickeln, wenn die an dem bekannten Herkunftsorte ansässigen in Betracht kommenden Gewerbezweige sich dem durch rechtzeitig einsetzende systematische gerichtliche oder außergerichtliche Verfolgung eines jeden Mißbrauchs widersetzen. Tun sie das nicht, so tragen sie selbst zum Entstehen einer Unsicherheit bei, die der erste Keimträger einer unheilvollen Entwicklung ist.[1])

[1]) Die in der französischen Literatur (vgl. Jaton S. 47 ff.) behandelte Frage, ob das „gemeinsame Recht auf ausschließlichen Gebrauch des Ortsnamens" innerhalb einer gesetzlich zu bestimmenden Zeit von beispielsweise 30 Jahren verjähren könne bezw. müsse, ist dahin zu beantworten, daß selbst wenn ein verjährbares Recht vorläge (vgl. S. 41 ff.) die Fixierung einer Frist völlig unmöglich ist, da Stärke und Schnelligkeit der Einwirkung der vielfachen eine Gattungsbezeichnung verursachenden Faktoren in den einzelnen Fällen absolut verschieden sind. Von einer Verjährung kann aber schon deshalb nicht gesprochen werden, weil auch ein Warenname der schon im allgemeinen Gebrauch als Gattungsbezeichnung war, sich zur echten Herkunftsangabe zurückentwickeln kann. (s. S. 17 ff.)

Entscheidend für die Frage, ob die oben gekennzeichnete Entwicklung abgeschlossen ist, ob eine Ortsbezeichnung noch die Herkunft oder nur noch die Gattung einer Ware angibt, ist die Anschauung über das Vorliegen eines Handelsgebrauchs (§ 16 WZG) bezw. die Verkehrsanschauung (§ 5 UWG). Der Begriff „Handelsgebrauch“ ist hier gleichzusetzen dem im § 346 HGB behandelten Begriff.[1]) Etwas weitergehend ist der Begriff „geschäftlicher Verkehr”, der „jegliche auf Erwerb gerichtete Tätigkeit im Gegensatz zu der privaten oder amtlichen umgreift”.[2]) Zu den Verkehrskreisen gehören die Mitbewerber, die Zwischenhändler und die Abnehmer. Die Ansicht der Mitbewerber wird in vielen Fällen nicht maßgeblich sein können, da sie in eigener Sache urteilen. Auch das Urteil der Händler kann nicht immer als mitbestimmend zu Rate gezogen werden, da sie häufig ein Interesse daran haben, daß eine Ursprungsangabe zur Beschaffenheitsangabe wird, damit sich für sie der Kreis der Bezugsmöglichkeiten weitet. Von besonderer Bedeutung wird daher regelmäßig die Ansicht der Verbraucher sein. Das Patentamt[3]) sagt: „Daraus, daß hauptsächlich die Erzeuger und Händler die ausländischen Ortsbezeichnungen als bloße Warennamen verwendeten, ergibt sich indessen noch nicht, daß nicht trotzdem die Abnehmerkreise immer noch in erheblichem Umfange Herkunftsangaben in ihnen sehen.“ Das Reichsgericht[4]) bezeichnet die Anschauung in den Kreisen des Publikums, an die sich die Ankündigung wendet, als „maßgebend“. In einer anderen Entscheidung[5]) stellt es der Ansicht der Händler ausdrücklich die Auffassung „der für die Entscheidung der Frage maßgebenden Durchschnittsverbraucher“ entgegen. Bei der Untersuchung der Frage ob „Emser Karamellen“ Herkunfts- oder Gattungsangabe sei, kommt das Kammergericht[6]) zu dem Ergebnis, es falle nicht nur die unter den Verkäufern herrschende Ansicht, sondern auch die Auffassung des für den Absatz in Betracht kommenden Publikums, „also die Verkehrssitte im allgemeinen als „Handelsgebrauch“ im Sinne des § 16 Abs. 2 WZG ins Gewicht“.

An gleicher Stelle wird ausgeführt, solange die Uebung eine Ursprungsangabe als Gattungsbezeichnung zu verwenden nicht allgemein

[1]) Hagens S. 265, Finger S. 445, Seligsohn S. 264.
[2]) Rosenthal S. 8.
[3]) MW XVIII S. 167.
[4]) MW XXV S. 241.
[5]) MW XXIV S. 7.
[6]) MW XIII S. 597.

als rechtmäßig und anständig anerkannt sei, stelle sie keinen vom Gesetz für erheblich erklärten Handelsgebrauch, sondern einen Mißbrauch dar. Es könne aber nicht Aufgabe der Rechtsprechung sein, der Umwandlung des Rechtes in herkömmliches Unrecht durch lässige Beurteilung der Verkehrsanschauung Vorschub zu leisten. Die Stellungnahme der Rechtsprechung in diesem Umwandlungsprozeß ist von größter Bedeutung für das Schicksal der Herkunftsangaben eines Landes. Rosenthal[1]) sagt mit Recht, in einzelnen Herkunftsangaben stecke ein werbendes Kapital von gewaltiger Bedeutung. Stempele der Richter ohne zwingende Veranlassung solche Herkunftsangaben zu Gattungsbezeichnungen, dann verübe er unbefugt auf Kosten unserer Volkswirtschaft ein Zerstörungswerk. Äußerste Strenge bei der Beurteilung der Frage, ob tatsächlich eine rechtlich nicht schutzwürdige Beschaffenheitsangabe vorliegt, ist daher von Theorie und Praxis stets als wichtigste Forderung auf diesem Gebiete des gewerblichen Rechtsschutzes aufgestellt worden. In einer Denkschrift des Verbandes der Fabrikanten von Markenartikeln e. V. zu Berlin zum Warenzeichen-Gesetzentwurf heißt es[2]): „Ein Bedürfnis nach Freigabe der Herkunftsbezeichnungen liegt nur dann vor, wenn das Wort, welches ursprünglich auf die Herkunft hindeutete, derart in den allgemeinen Sprachgebrauch übergegangen ist, daß es die Beziehung zu dem Herkunftsort gänzlich verloren hat. Wenn dagegen noch die Möglichkeit besteht, daß das Wort überhaupt noch als Herkunftsangabe gedeutet werden kann, so ist es auch entsprechend zu behandeln.“ Der Handelsvertragsverein[3]) beantragt in einer an den Reichskanzler (1914) gerichteten Eingabe Änderung der §§ 16 WZG und 5 UWG und zwar in einer Form, die unzweideutig zum Ausdruck bringe, daß als freie Warennamen zur bloßen Bezeichnung der Gattung oder Sorte nur solche Warennamen gelten könnten, „bei denen jede Erinnerung daran geschwunden sei, daß die Ware ursprünglich aus dem betreffenden Gebiet stamme“. Ähnliche Forderungen werden in einem Gesetzesvorschlag Osterrieth-Rosenthal[4]) (gelegentlich der Beratung des Warenzeichengesetzentwurfes von 1913) vertreten: „Namen, die ursprünglich zur Angabe der geographischen Herkunft dienten, können zur Benennung von Waren bestimmter Beschaffenheit ohne Rücksicht auf ihren Ursprung verwendet

[1]) Rosenthal S. 225.
[2]) MW XIII, 266.
[3]) MW XIII, 438.
[4]) MW XIII, 369.

werden, wenn die Erinnerung an die ursprüngliche Herkunft der Ware aus dem Ort, der die Bezeichnung angibt, im Verkehr erloschen ist." Unter dem Eindruck solcher Stimmen ist die Rechtsprechung in den letzten zwei Jahrzehnten auf dem hier in Rede stehenden Gebiete eine immer schärfere geworden. Auch der Verkehr hat diese Entwicklung mitgemacht und ist erfahrungsgemäß im Gebrauch von Warenbezeichnungen vorsichtiger und kritischer geworden[1]). Sehr mit Recht sagt deshalb das Patentamt[2]), in den Anschauungen, die zu einer Entwertung der echten Herkunftsbezeichnungen geführt hätten, habe sich seit einigen Jahren, auch schon vor dem Kriege, ein wesentlicher Umschwung bemerkbar gemacht. Das Volksempfinden wende sich gegen jede Unlauterkeit und Täuschung im Handelsverkehr. Fortgesetzt würden aus den verschiedensten Kreisen sehr beachtliche Stimmen laut, die sich gegen die unlauteren Bestrebungen der Handelskreise wendeten. Trüge man dieser dem Bedürfnis des redlichen Verkehrs entsprechenden Auffassung Rechnung, so ergebe sich, daß die Frage, ob eine ausländische Ortsbezeichnung für inländische Erzeugnisse zulässig sei, gegenüber der früheren Uebung schärfer zu prüfen sei. Das Reichsgericht[3]) hat dieser Auffassung Rechnung getragen, indem es folgenden Grundsatz aufstellte: „Grundsätzlich ist daran festzuhalten, daß Bezeichnungen von Waren, die von dem Namen eines Ortes oder einer Gegend abgeleitet sind, solange als Bezeichnung ihrer Herkunft anzusehen sind, als nicht zweifelsfrei ihre Bestimmung lediglich als Beschaffenheitsangabe feststeht." In einer neueren Entscheidung sagt das Reichsgericht[4]): „Das Wort ‚Hobro' gilt solange als Herkunftsbezeichnung, als noch ein erheblicher Teil der Verbraucher die Erinnerung an die ursprüngliche Bedeutung sich bewahrt hat, diese also nicht vollständig verloren gegangen ist".

2. So ist es nur folgerichtig, daß sich Gattungsbezeichnungen unter dem Einfluß einer feineren Verkehrsauffassung zu echten Herkunftsangaben zurückentwickeln können. Ein Beispiel dieser Art ist schon oben genannt worden (Berliner Rollmops). Ferner sei darauf verwiesen,

---

[1]) Hagens S. 261: „Es ist unverkennbar, daß die Verkehrsauffassung gegenüber der unverhältnismäßig milden, wie sie zur Zeit der Entstehung des WZG herrschte, besonders auch durch internationale Einflüsse, eine strengere geworden ist".

[2]) MW XVIII S. 167.

[3]) MW XV S. 167.

[4]) MW XXV S. 48.

daß das Reichsgericht[1]) in einem Urteil vom 15. VI. 1914 den Namen „Camembert" als Gattungsbezeichnung behandelt, während die Beschwerdeabteilung des Reichspatentamtes[2]) in einem Beschluß vom 21. 1. 1919 feststellt, der Name „Camembert" werde dank der strengeren Auffassung im Verkehr wieder als Herkunftsangabe angesehen.

Aber auch Warennamen, die zur Zeit noch als reine Beschaffenheitsangaben anerkannt sind, können durch irgendwelche Zusätze oder durch besondere Ausstattung diesen Charakter verlieren. „Ortsbezeichnungen, die im Verkehr ihre örtliche Beziehung verloren haben und aus Herkunftsbezeichnungen zu Beschaffenheits- und Gattungsbezeichnungen geworden sind, können durch Zusätze, d. h. durch Worte, die mit ihnen in Verbindung gebracht werden, wieder zu Herkunftsangaben werden".[3]) Namentlich gilt dies, wenn der Beschaffenheitsbezeichnung Angaben wie „echt", „Original" oder dergl. hinzugefügt werden. Durch solche Zusätze soll die Erinnerung an die alte Herkunftsstätte, die ja zumeist auch heute noch Waren der betreffenden Art als Spezialität herstellt, wachgerufen und die Vorstellung erweckt werden, es handele sich bei der angebotenen Ware um ein Erzeugnis, das, weil es aus dem ursprünglichen Herkunftsort stamme, in erhöhtem Maße den an Waren dieser Art gestellten Anforderungen genüge. So erklärte das Reichsgericht[4]) der Ausdruck „Steinhäger" sei zwar eine frei benutzbare Gattungsangabe, aber die Bezeichnung „echter Steinhäger" für einen nicht in Steinhagen hergestellten Trinkbranntwein sei unzulässig, da nach der Verkehrsauffassung durch den Zusatz „echt" eine besondere Beziehung zur alten Herstellungsstätte zum Ausdruck gebracht und der Eindruck erweckt werde, als sei der fragliche Branntwein an jener ursprünglichen Stelle mit ihrer durch die spätere Verbreitung bewährten, besonderen Eignung gewonnen.[5])

Eine zur Gattungsbezeichnung gewordene Herkunftsangabe kann ihren ursprünglichen Charakter auch dadurch wieder erlangen, daß ihr Firmenbezeichnungen beigefügt werden, sodaß der Eindruck entsteht,

---

[1]) GR XXI S. 187.
[2]) MW XVIII S. 167.
[3]) RG in MW VIII S. 13.
[4]) MW XXIII S. 163.
[5]) vgl. auch RG in GR XX, S. 204 „echter bester Steinhäger" und RG in MW XXIII S. 136 „Original Nordhäuser Kautabakfabrik".

es handele sich um eine Firma, die an dem angegebenen Ort ihren Sitz habe oder eine Betriebsstätte unterhalte.[1]) Gleichgültig dabei ist, ob die Firmenangabe echt oder fingiert ist. So war es vor dem Kriege, als der Name Kognak in Deutschland als Gattungsbezeichnung benutzt wurde, vielfach üblich, sich bei dem tribunal de commerce der Stadt Cognac Phantasienamen eintragen zu lassen und sie auf den Etiketten in Deutschland hergestellter Branntweine zu verwenden: Verurteilung erfolgte z. B. bei folgenden Bezeichnungen: „Em. Dubois & Co. Cognac"[2]), „Vercin frères Cognac"[3]), „R. Dupré Cognac"[4]), „Trusart & Co. Cognac"[5]).

Aber auch weniger deutliche Zusätze sind geeignet, den Herkunftscharakter einer Beschaffenheitsangabe wieder herzustellen. So ist das Bild der königlichen Krone auf den Verpackungen von Karamellen als Hinweis darauf angesehen worden, daß der auf der Verpackung angebrachten Bezeichnung „Emser-Karamellen" die Bedeutung einer Herkunftsbezeichnung beizumessen ist. (Königliches Bad Ems).[6]) Thorner Honigkuchen sollen den Charakter einer Herkunftsangabe verloren haben. Wenn dagegen eine außerhalb der Stadt Thorn liegende Honigkuchenfabrik auf den Packungen das Thorner Wappen oder die Worte „aus Thorn" gebraucht, so liegt eine Herkunftsangabe vor.[7])[8]) Ja, als Irrtumserregung genügt die besondere allgemeine Ausstattung einer Ware. So wurde in einem Sonderfalle vom Reichsgericht[9]) die Benutzung des Namens „Camembert" als unzulässig erklärt, obwohl der Name an sich in Deutschland längst zur Gattungsbezeichnung für eine bestimmte Art Weichkäse geworden sei. Die Feststellung, daß der Name Camembert in dieser Verwendungsform als Ortsangabe aufgefaßt werde, stützte sich hauptsächlich darauf, daß die Verpackung mit einer für den deutschen Käufer und Verbraucher nicht allgemein verständlichen Umschrift in

[1]) RG in MW VIII S. 13 (Bock y Ca. Habana).
[2]) OLG Dresden MW VIII S. 19.
[3]) Hans. OLG MW VIII S. 135.
[4]) LG Frankfurt MW VIII S. 280.
[5]) RG in MW X S. 65.
[6]) RG in GR XXI S. 188.
[7]) Wassermann S. 51.
[8]) RG in MW VIII S. 14 wirft die m. E. zu bejahende Frage auf, ob die Bezeichnung „Habana-Ausschuß" die Gattungsbezeichnung „Habana" wieder zur Herkunftsangabe mache, etwa in dem Sinne, daß sie besage, daß die Zigarren zwar echte, aus Habana stammende Waren seien, daß sie aber trotz ihrer Herkunft mit Rücksicht auf irgendwelche ihr anhaftenden Mängel doch nur als minderwertvolle Habanaware, eben als Ausschuß, betrachtet werden könnte.
[9]) GR XXI S. 187.

französischer Sprache und der Zeichnung einer Bäuerin aus der Normandie versehen worden war.[1])

Die sehr wichtige Frage, ob und wieweit echte Herkunftsbezeichnungen durch Zusätze zu Beschaffenheitsangaben werden können, wird später (Abschnitt V) behandelt werden.

Die Ergebnisse dieses Abschnittes seien folgendermaßen zusammengefaßt:

Zu den rechtlich nicht schutzwürdigen Herkunftsbezeichnungen gehören:

Pseudo - Herkunftsbezeichnungen,

Warennamen, deren ursprünglich geographischer Charakter vollständig in dem Bewußtsein des Verkehrs erloschen ist,

Gattungsbezeichnungen im engeren Sinne.

Auf die Entwicklung einer Herkunftsangabe zur Gattungsbezeichnung wirken namentlich ein

der Mißbrauch der Mitbewerber,

die Lässigkeit des Verkehrs in der sprachlichen Kennzeichnung von Waren,

die Passivität der unmittelbar Beteiligten.

Maßgebend für die Beurteilung der Frage, ob die Entwicklung der Gattungsbezeichnung abgeschlossen ist, ist die Verkehrsauffassung. Warennamen, die von dem Namen eines Ortes oder einer Gegend abgeleitet sind, sind grundsätzlich solange als rechtlich zu schützende Herkunftsangaben anzusehen, als nicht zweifelsfrei ihre Bestimmung lediglich als Beschaffenheitsangabe feststeht.

Gattungsbezeichnungen können wieder zu Herkunftsangaben werden durch

Änderung der Verkehrsauffassung,

Zusätze bestimmter Art.

---

[1]) Erwähnt sei noch, daß Bezeichnungen, die im Ursprungslande Herkunftsangaben sind, im Inlande als Gattungsbezeichnungen gelten können, ebenso wie es rechtlich nicht ausgeschlossen ist, daß Bezeichnungen, die im Ursprungsland Gattungsangaben sind, im Inlande Herkunftsangaben sind.
(RG in MW VII S. 142).

II. Die Arten der rechtlich schutzwürdigen geographischen Herkunftsangaben.

a) Es ist schon oben ausgeführt worden, daß die hohe Wertschätzung, deren sich manche Waren bestimmter Herkunft im Verkehr erfreuen, auf besondere, gerade an diesen Orten wirksame Naturkräfte oder aber auf die hier angewandten Arbeitsmethoden zurückzuführen ist. Dabei ist gesagt worden, zwischen den beiden sich polar gegenüberstehenden Warengruppen, deren Ruf sich entweder auf die eine oder die andere Ursache gründe, dehne sich eine große Zahl von Zwischenstufen aus, bei denen sowohl der eine wie der andere Faktor Bedingungen zur Erlangung der Eigenart der Ware setze. Die Erkenntnis dieser Tatsache ist für die Erfassung des Wesens der rechtlich beachtlichen geographischen Herkunftsangabe und für die Beurteilung der aus diesem Wesen erwachsenden Rechtsfolgen von großem Wert. In vielen Streitfällen wird nämlich der Zweifel, ob ein Warenname Herkunfts- oder Beschaffenheitsangabe ist, nur behoben werden können, wenn die Ursachen der behaupteten besonderen Wertschätzung, die ja, wie oben bewiesen wurde, wesentliches Element einer Herkunftsangabe ist, klargestellt sind. Auch die im nächsten Abschnitt näher zu untersuchende Frage, welches der „Herkunftsort" einer Ware im rechtlichen Sinne ist, kann nur auf Grund einer systematischen Gliederung der verschiedenen Arten von Herkunftsangaben beantwortet werden. Die theoretische und praktische Bedeutung einer solchen Gliederung erkannt zu haben, ist das Verdienst von Magnus[1]), der durch die Untersuchungen auf diesem Gebiet als erster den Versuch einer juristischen Systematik dieses Teilgebietes des gewerblichen Rechtsschutzes machte. Seine von Theorie und Praxis mit großem Beifall aufgenommenen Feststellungen sind so wertvoll und erschöpfend, daß sie auch den Ausgangspunkt der folgenden Ausführungen bilden sollen.[2])

Es ist auszugehen von der Tatsache, daß jede Ware Produkt der schöpferischen Natur einerseits und der menschlichen Tätigkeit anderseits ist. Da aber die Wertschätzung einer Ware, deren Bezeichnung einer geographischen Angabe entlehnt ist, einmal sich wesentlich auf das Wirken der Naturkräfte ein andermal auf die menschliche Tätigkeit stützt,

---

[1]) Protokoll S. 10 – 21.

[2]) vgl. auch Becker GR XXVII S. 118 ff.

muß einer Gliederung dieser Materie zu Grunde liegen, ein Vergleich der Anteile, die die beiden Faktoren Natur und Mensch an der Fertigstellung des zum Verbrauch gelangenden Produktes haben.
Magnus unterscheidet demnach:

1. reine Naturerzeugnisse,
2. Naturerzeugnisse, bei deren Gewinnung der Mensch lediglich in geringem Maße mitwirkt,
3. Erzeugnisse, bei denen die natürlichen Faktoren zwar mitwirken, aber hinter dem Einfluß menschlicher Tätigkeit erheblich zurücktreten,
4. Erzeugnisse, die überwiegend Ergebnis menschlicher Tätigkeit sind, bei denen die Verhältnisse des geographischen Ortes nur noch eine „kommerzielle" Rolle spielen,
5. Erzeugnisse, bei denen geographische Naturfaktoren überhaupt keinen Einfluß haben,
6. Erzeugnisse, deren Bezeichnung nicht vom Ort ihrer Gewinnung oder Herstellung sondern ihres Versandes abgeleitet ist,
7. Erzeugnisse, die Phantasiebezeichnungen tragen,
8. Erzeugnisse mit Personennamen geographischen Ursprungs,
9. Erzeugnisse, deren ursprüngliche geographische Bezeichnung nur noch historisch erklärbar ist.

Die unter 8 und 9 genannten Warenbezeichnungen sind in dieser Schrift als rechtlich nicht schutzwürdige Angaben vorab ausgeschieden und im Abschnitt I B unter 1 und 2 behandelt worden. Unter Berücksichtigung dieses Umstandes und unter etwas strafferer Formulierung seien folgende Gruppen unterschieden:

b) 1. Naturerzeugnisse, deren Entstehung vom Menschen unbeeinflußt bleibt.

Damit ein Naturprodukt Ware wird, muß es irgendwann mit Menschenhand in Berührung kommen. Es gibt aber Produkte, bei denen die Tätigkeit der Menschen sich darauf beschränkt, sie aus ihrer Umgebung zu lösen, sie aufzuteilen und sie in umsatzfähigen Mengen zur Verfügung zu stellen. Der Charakter der Erzeugnisse selbst wird aber durch die Menschen in keiner Weise beeinflußt. Hierher gehören namentlich Gesteine, Salze, Erdöle, Mineralwasser und dergl. Es sei erinnert an Bezeichnungen wie Rheinische Braunkohle, Herdecker Ruhrsandstein,

Sansibar Granit, Carrarischer Marmor, Dürrheimer Sole, Aachener Salz Fachinger Wasser, Aachener Sprudel usw. Bei diesen Erzeugnissen ist der Zusammenhang zwischen geographischer Herkunft und bestimmter Beschaffenheit noch am deutlichsten erkennbar.

2. Naturerzeugnisse, bei deren Entstehung der Mensch lediglich unterstützend Bedingungen setzt.

Beschränkt sich der Mensch bei den unter 1 genannten Erzeugnissen darauf sie „verkehrsfähig" zu machen, ohne durch seine Tätigkeit ihren Charakter selbst irgendwie zu beeinflussen, so übt er bei dieser Warengruppe zur Zeit ihres natürlichen Werdens gewisse Einflüsse aus. Er be- oder verarbeitet die Produkte zwar nicht, bemüht sich aber die Voraussetzungen zu schaffen, unter denen die ihre Eigenart bedingenden Naturkräfte voll sich auswirken können; nach Möglichkeit fördert er die Naturkräfte noch. Es sind hierher alle Erzeugnisse der Landwirtschaft zu rechnen: Getreide, Gemüse, Obst, Wein, Vieh und dergl. Es seien genannt: Odenwälder Rotweizen, Lischauer Saathafer, Schwetzinger Spargel, Reichenauer Gemüse, Saazer Hopfen, Bühler Zwetschgen, Trakehner Pferde usw. Bei diesen Waren tritt häufig die wichtige und rechtlich schwierige Frage auf, ob die an anderen Orten gewonnenen Früchte der am ersten Ursprungsort entstandenen Sachen noch mit Recht den Namen dieses Ortes tragen dürfen. Darf also das im Rheinland geworfene Fohlen einer echten Trakehner Stute noch den Namen Trakehner führen, darf der in Deutschland aus Saazer Absaat gezogene Hopfen noch als Saazer Hopfen bezeichnet werden? Die Beantwortung dieser Frage wird im Abschnitt III versucht werden.

3. Erzeugnisse, deren Charakter von örtlichen Naturkräften beinflußt wird, deren Entstehung jedoch wesentlich Ergebnis menschlicher Tätigkeit ist.

Die unter 1 und 2 genannten Erzeugnisse zeichnen sich dadurch aus, daß sie nach ihrer Gewinnung in der ihnen von der Natur gegebenen Form – wobei bei denen unter 2 der Mensch lediglich unterstützend wirksam wird – ohne Be- oder Verarbeitung in Verkehr gebracht werden. Bei der vorliegenden Gruppe handelt es sich dagegen um Waren, die erst durch die Bearbeitung aus der Natur gewonnener Stoffe entstehen. Diese Waren stehen auf einer Grenzlinie, auf deren einer Seite diejenigen Erzeugnisse liegen, die ihren Ruf besonderen am Ort ihrer Entstehung wirksamen Naturkräften verdanken und auf deren anderen Seite diejenigen Erzeugnisse zu finden sind, deren Eigenart durch die eigentümliche am Orte ihres Ursprungs geübte Arbeitsweise bedingt ist. Diese Grenzlage macht die Erkenntnis ihres Wesens häufig sehr schwer, sodaß die sie betreffenden Rechtsstreitigkeiten sehr zahlreich sind. In diese Gruppe gehören vor allem die Herkunftsangaben für Bier, Käse, Liköre usw. die so bekannt sind, daß Beispiele hier nicht genannt zu werden brauchen.

4. Erzeugnisse, deren Charakter von örtlichen Naturkräften unbeeinflußt bleibt.

Die Herstellung mancher Erzeugnisse erfordert ein so hohes Maß technischen Könnens und manueller Geschicklichkeit, daß demgegenüber der Einfluß von Naturkräften völlig aufgehoben wird. Ja, selbst Art und Güte der verwendeten Halbfabrikate treten in ihrer Bedeutung gegenüber dem Einfluß der besonderen Arbeitsweise zurück. Regelmäßig handelt es sich dabei um industrielle Fertigerzeugnisse, die seit vielen Generationen immer an dem gleichen Ort auf Grund einer von Generation auf Generation vererbten Tradition in der Materialbehandlung, Arbeitsteilung usw. hergestellt werden. Hierher sind zu rechnen Solinger Stahlwaren, Glashütter Uhren, Meißner Porzellan, Nürnberger Spielwaren usw.

5. Erzeugnisse, die nicht nach dem Ort genannt werden, in dem sie hergestellt, sondern von dem aus sie in Verkehr gebracht werden.

Eine Sondergruppe von Waren entlehnt ihre Bezeichnungen nicht dem Ort ihres Wachstums oder ihrer Herstellung, sondern dem Ort, von dem aus sie in den Handel kommen. Streng genommen sind solche Herkunftsangaben also falsch. Der Verkehr verbindet aber auch mit solchen Angaben die Vorstellung einer bestimmten Warenbeschaffenheit und muß in dieser seiner Anschauung geschützt werden. In dem oben entwickelten System fänden sie am ehesten unter 4 Platz, da man die besondere Erfahrung der Großhändler bezw. Exporteure, die an dem Ort, dem sie ihren Namen entlehnen, tätig sind, in der Auswahl, Konservierung und dergl. dem technischen Können vergleichen darf. Ihre Eigenart rechtfertigt jedoch ihre Sonderstellung. Zu dieser Gruppe gehören z. B. Messina Apfelsinen, Smyrna Feigen, Russischer Tee, Bashenowo Asbest.

Daß die Grenzen zwischen den eben genannten Gruppen sehr flüssig sind, ist offenbar. Häufig wird es sehr schwierig sein, ein Erzeugnis in die eine oder andere Gruppe einzureihen. Welche weittragenden rechtlichen Folgen daraus erwachsen können, lehrt folgendes Beispiel: Art. 4 des im Anhang behandelten „Madrider Abkommens betr. die Unterdrückung der falschen Herkunftsangaben auf Waren" bestimmt, daß die Lagenbezeichnungen, die die Herkunft von Erzeugnissen des Weinbaues betreffen, nie zu Gattungsangaben werden können. Diese Bestimmung galt vornehmlich dem Schutz der Namen „Champagne" und „Cognac". Sie hinderte Deutschland jahrzehntelang dem Madrider Abkommen beizutreten, da namentlich die Bezeichnung „Cognac" hier fast allgemein zur Kennzeichnung eines Branntweins bestimmter Art gebraucht wurde. Da aber andererseits ein großes Interesse an dem Beitritt bestand, tauchte im Verlauf der mit beispiellosem Aufwand an Energie und Scharfsinn immer wieder geführten internationalen Verhandlungen die Konstruktion auf, Deutschland könne dem Abkommen doch beitreten, da ja „Cognac" nicht ein Erzeugnis des Weinbaues sondern der Industrie sei. Der in der Stadt Cognac gewonnene Weinbrand verdanke seine Eigenart nicht so sehr örtlichen Naturkräften als vielmehr dem Herstellungsverfahren. Die Frage ist (siehe Anhang) durch Art. 275 des Versailler Vertrages entschieden worden.

III. Bestimmung des rechtlich bedeutsamen Herkunftsortes.

Die Beantwortung der Frage, welches der rechtlich bedeutsame Herkunftsort oder Ursprung einer Ware ist, ist in zahlreichen Fällen des Mißbrauchs geographischer Herkunftsangaben von entscheidender Bedeutung für die Beurteilung, ob eine Gesetzesverletzung vorliegt. Wie auf den übrigen Gebieten unlauteren Wettbewerbs werden auch Verletzungen von Herkunftsangaben in zahlreichen – und gerade den schwierigsten – Fällen dadurch vorgenommen, daß nicht die Unwahrheit schlechthin ohne jeden Anschein von Berechtigung gesagt wird; vielmehr wird die Verletzung in einer dem Verkehr nicht erkennbaren undurchdringlichen Verquickung von scheinbarer Berechtigung und absoluter Unwahrheit begangen. Es sei dabei an folgende Fälle gedacht: In Thüringen aus von Solingen bezogenem Stahl hergestellte Schneidwaren werden mit dem Stempel „Solingen" versehen; in Glashütte hergestellte und mit dem Namen „Glashütte" versehene Uhrgehäuse werden mit an anderen Orten erzeugten Gehwerken montiert; aus Meißen bezogener Ton wird an anderer Stelle zu Ofenkacheln verarbeitet und diese erhalten den Aufdruck „Meißner Ton“. In allen diesen Fällen besteht eine gewisse Beziehung zwischen der Ortsangabe und dem Erzeugnis. Und doch würde der über den wahren Sachverhalt aufgeklärte Abnehmer[1]) mit Recht die Bezeichnung für „unrichtig“ erklären.

Es gilt also festzustellen, unter welchen Voraussetzungen der in Bezug auf eine Ware angegebene Herkunftsort „richtig" ist. Die Beantwortung der hier gestellten Frage muß und kann aus dem (im Abschnitt I A entwickelten) rechtlichen Wesen schutzwürdiger geographischer Herkunftsangaben einerseits und der (im Abschnitt II untersuchten) Eigenart der in Betracht kommenden Waren anderseits gefolgert werden. Damit eine schutzwürdige Angabe entstehe, muß ein Ortsname verwandt werden, der nicht nur über die geographische Herkunft der Ware etwas aussagt, sondern der auch bei den Abnehmern die Vorstellung einer besonderen wertbestimmenden Beschaffenheit erweckt bezw. zu erwecken geeignet ist. Da diese Vorstellung von der Beschaffenheit sich regelmäßig – bewußt oder unbewußt – auf bestimmte Eigenschaften des Erzeugnisses bezieht, muß der „Ort“ oder der „Ursprung“ der Ware dort gesucht werden, wo ihr die auszeichnenden Eigenschaften, die wertbestimmende Beschaffenheit gegeben wird. Eine Ware durchläuft aber regelmäßig eine mehr oder weniger lange Reihe von Produktionsstufen, von denen einige ihren Charakter kaum beeinflussen, während andere für ihre Eigenart durchaus bestimmend sind. Der Ort der Entstehung oder Herstellung der Ware in denjenigen Entstehungs- oder Produktionsstufen, denen sie ihre sie vor den übrigen Waren gleicher Art auszeichnende Beschaffenheit verdankt, ist demnach ihr rechtlicher „Herkunftsort“ oder „Ursprung“.

Welches die in diesem Sinne wettbewerblich bedeutsamen Entstehungs- oder Produktionsstufen sind, ist je nach Art der Ware verschieden zu beurteilen. Mit Hilfe der im Abschnitt II geschaffenen Systematik der hauptsächlichen Warengruppen wird jedoch in der Mehrzahl aller Fälle festgestellt werden können, welches die eine Ware auszeichnenden Produktionsstufen sind und demnach welcher Ort als ihr wahrer rechtlich geschützter Herkunftsort angesehen werden muß.

[1]) Daß seine Auffassung entscheidend ist, wurde früher mehrfach ausgeführt.

1. Für die in Abschnitt II unter 1 und 2 genannten Warengruppen Naturerzeugnisse, deren Entstehung vom Menschen unbeeinflußt bleibt und Naturerzeugnisse, bei deren Entstehung der Mensch lediglich unterstützend Bedingungen setzt

ist die Frage nach dem Herkunftsort regelmäßig dahin zu entscheiden, daß der Ort, an dem die Ware gewachsen ist bezw. gewonnen wurde, ihr „Ursprung" ist.[1]) Zweifel können hier nicht entstehen, da nur eine Produktionsstufe in Betracht kommt, die für die Erlangung der Eigenart der Ware bestimmend ist. Durchläuft die Ware diese Produktionsstufe nicht an dem Ort, der als ihr Ursprungsort angegeben ist, so ist die Angabe unrichtig. Es darf also aus Saazer Absaat außerhalb des Saazer Gebietes gezogener Hopfen nicht als „Saazer Hopfen" bezeichnet werden, solange die Verkehrsanschauung dahin geht, daß der Saazer Bezirk infolge seiner klimatischen oder geologischen Verhältnisse die Eigenart des Saazer Hopfens bestimmt.

2. Die rechtlichen Schwierigkeiten in der Beurteilung der Frage welches der wahre Herkunftsort ist, beginnen bei den Erzeugnissen, derem Charakter von örtlichen Naturkräften beeinflußt ist, deren Entstehung jedoch wesentlich Ergebnis menschlicher Tätigkeit ist (Abschn. II Ziff. 3) Im Vordergrund des Interesses hat lange Zeit der Streit gestanden, ob der aus in der Champagne gewachsenen und dort gekelterten Trauben aber in Deutschland fertiggestellte Schaumwein als „Champagner" bezeichnet werden darf. Kohler ist in einem umfangreichen Gutachten[2]) zu der Ansicht gekommen, daß bei Schaumwein nicht nur das Naturprodukt, sondern vor allem auch die technische Behandlung zur Erlangung der charakteristischen Eigenschaften in Betracht komme, daß also als „Champagner" nur der Schaumwein bezeichnet werden dürfe, der aus Trauben der Champagne hergestellt sei und dessen Fabrikation in der Champagne stattgefunden habe. (Die Frage ist nunmehr durch das hier nicht näher zu besprechende Weingesetz von 1909/23 geregelt worden). Sinngemäß die gleiche Feststellung für Cognac trifft OLG Kiel[3]), indem es feststellt, „das Publikum lege Wert darauf, ob die ganze Behandlung des Cognac bis zur unmittelbaren Fertigstellung zum Konsum in den als besonders sachverständig geltenden Händen einer

[1]) Allfeld S. 631.
[2]) GR I S. 305 ff.
[3]) MW X, S. 167.

französischen Cognacfirma liege oder nicht".[1]) Kommt es in diesen Fällen auf die Verarbeitung der Naturprodukte am Ort ihrer Gewinnung wegen der dort vorliegenden besonderen Erfahrung der Erzeuger an, so liegen z. B. beim Käse die Verhältnisse insofern etwas anders, als der durch die örtlichen Bedingungen beeinflußte Rohstoff (die schon durch das Futter eigentümlich gewordene Milch) am gleichen Orte wegen der dort einwirkenden niederen Organismen verarbeitet wird, wodurch das Fertigerzeugnis seine Eigenart gewinnt.

Während also in den bisher behandelten Fällen der Ort der Gewinnung der Rohstoffe und der Ort ihrer Verarbeitung der gleiche sein muß, werden an das Vorliegen einer wahren Herkunftsangabe beim Bier nicht die gleichen Voraussetzungen gestellt. Bestimmend für die Eigenart eines Bieres ist das für den Brauprozeß zur Verfügung stehende Wasser und die klimatischen Verhältnisse, die den physiologischen Prozeß der Keimung und damit der Malzbereitung und der Gärung beeinflussen. Voraussetzung für die Richtigkeit der Herkunftsangabe ist jedoch nicht, daß auch der Hopfen am Ort der Verarbeitung gezogen worden ist.

Die bisherigen Ausführungen zeigen schon, daß sich in der vorliegenden Warengruppe nur der Grundsatz aufstellen läßt, daß der Bezug des Rohstoffes allein noch nicht die Bezeichnung der Ware nach seinem Ursprungsorte rechtfertigt. Ob aber der Ort der Gewinnung des Rohstoffes und der Ort der Verarbeitung der gleiche sein muß, damit eine richtige Ursprungsangabe vorliegt, oder ob der „richtige" geographische Warenname allein vom Ort der Verarbeitung abgeleitet werden kann, ist je nach den Verhältnissen verschieden zu beurteilen.

3. Bei denjenigen Waren, deren Charakter von örtlichen Naturkräften unbeeinflußt bleibt (Abchnitt II Ziffer 4) kann der Herkunftsort des Rohstoffes nicht als wahrer Ursprungsort angesehen werden. „Es ist im Verkehr im allgemeinen nicht üblich, eine Ware nach der Herkunft des Rohproduktes sondern nach dem der fertigen Verkaufsware zu benennen, z. B. Solinger Stahlwaren, Remscheider Stahlwaren

---

[1]) vgl. auch Becker, GR XXVII S. 126, der ein Urteil des RG zitiert, in dem die Bezeichnung eines Weinbrands als „Aalborger Tafelaquavit" untersagt wird, da nur der Extrakt von Aquavit nach Deutschland eingeführt und dort nach Zusatz von Wasser und deutschem Sprit in den Handel gebracht wurde.

usw."[1]) Grundsätzlich kann angenommen werden, daß für industrielle Fertigerzeugnisse – um die es sich in dieser Gruppe zumeist handelt – der Ort der Fertigstellung der „richtige" Herkunftsort ist.[2]) Diese Waren durchlaufen aber die zumeist lange Reihe von Produktionsstufen oft an verschiedenen Herstellungsorten. Zweifelhaft kann also werden, welcher dieser Orte der Herstellungsort im Sinne des Gesetzes ist. Darf z. B. eine Schneidware, deren „schwarze Ware" (Halbfabrikat) in Solingen hergestellt wird, die danach aber in Thüringen fertiggestellt wird, den Namen „Solingen" tragen? Diese sinngemäß auf eine sehr große Zahl von Industrieerzeugnissen ausdehnbare Frage kann nicht einheitlich beurteilt werden. Maßgebend ist, welche Herstellungsprozesse der Ware diejenige Eigenschaft geben, derentwegen sie im Verkehr besonders geschätzt werden, die Anlaß waren, daß sich der Herkunftsort dieser Erzeugnisse zu einer rechtlich schutzwürdigen Herkunftsangabe entwickelte. Diese Frage muß im Einzelfalle durch Beweisaufnahme geklärt werden.[3])

---

[1]) Patentamt in Blatt für Patent-, Muster- und Zeichenwesen 1903 S. 9.

[2]) So wurde die Bezeichnung „Meißner Ofenkacheln" für solche Kacheln, die zwar aus Meißner Ton aber nicht in Meißen hergestellt sind, untersagt (OLG Dresden in MW XXVI S. 213). Die Angabe „Solinger Feinstahl" auf in Thüringen aus Solingen bezogenem Stahl hergestellten Schneidwaren wurde untersagt, da „Messer mit dem Aufschlag ‚Solinger Stahl' nach der Auffassung des Durchschnittskäufers als in Solingen hergestellte Ware ohne Rücksicht auf die Herkunftsstätte des Stahles" angesehen werden. RG in MW XXIV S. 7; vgl. auch Finger S. 436.

[3]) RG in J. W. 1907 S. 565: „Die Ansicht, daß für die Herkunftsbezeichnung von Fabrikaten nicht der Ort der Herstellung des Fabrikates, sondern der Ort der Herkunft der Rohstoffe entscheidend sei, ist rechtsirrig. Es wird umgekehrt allerdings ebensowenig gesagt werden können, daß grundsätzlich nur der Ort der Herstellung entscheide (RGSt 28, S. 353, 355). Vielmehr wird in jedem einzelnen Falle zu prüfen und festzustellen sein, ob hinsichtlich der Herkunftsbezeichnung eines Fabrikates nach den im Verkehr herrschenden Anschauungen der Ort der Herstellung oder der Ort der Herkunft der Rohstoffe entscheidet".

IV. Der Schutz der geographischen Herkunftsangaben in der Gesetzgebung.

a) Die französische Theorie erblickt in der geographischen Herkunftsangabe eine Art Kollektivmarke, die im Eigentum der Gewerbetreibenden des in Betracht kommenden Ortes steht.[1]) Eine ähnliche Auffassung läßt schon im Jahre 1828 ein Landrat von Solingen erkennen, der gegen die Eintragung der Worte „Solingen" und „à Solingen" mit der Begründung Einspruch erhob, „daß jenes Wort künftig das allgemeine Fabrik- oder Ursprungszeichen der Solinger Ware und dessen anderweitiger Gebrauch also nirgend in der Monarchie gestattet werden soll".[2]) Auch im modernen Schrifttum ist hier und da ganz kurz ein Vergleich zwischen Herkunftsangabe und Kollektivmarke bezw. Verbandszeichen gezogen worden. So sagt Ghiron (Rom)[3]) in einem Bericht über den Schutz der Markenweine in Italien: „Man bemerkt immer, daß die ganze Klasse der Herkunftsbezeichnungen wesentliche Merkmale der Klasse der Kollektivmarken zeigt." Auch Magnus[4]) spricht (1912) davon, man könne gewisse Fragen des Rechtsschutzes geographischer Herkunftsangaben vielleicht in Anknüpfung an den damals dem Reichstag vorliegenden Gesetzentwurf über die Verbandszeichen, dem ähnliche Ideen zu Grunde lägen, lösen. Neuerdings hat Utescher[5]) in einem Aufsatz „Biertyp-Bezeichnungen und Nährbier" in einer Fußnote die Frage kurz angeschnitten, ob nicht Bezeichnungen wie „Münchener Bier" usw. als Verbandszeichen eintragungsfähig seien.

Es ist nicht zu leugnen, daß Herkunftsangaben wirtschaftlich ähnliche Aufgaben wie Warenzeichen – ein Verbandszeichen ist aber nur ein Warenzeichen besonderer Art, auf das mit einigen Ausnahmen die Grundsätze über Warenzeichen Anwendung finden – zu erfüllen haben. Beide dienen dazu, Waren gleicher Gattung jedoch verschiedenen Ursprungs voneinander zu unterscheiden, beide treten auch regelmäßig in derselben äußeren Erscheinung d. h. in Verbindung mit Waren oder deren Umhüllungen und dergl. auf. Damit sind aber die Übereinstimmungen schon im wesentlichen erschöpft. Ihnen stehen grundlegende und tiefgreifende Unterschiede gegenüber. Aufgabe des Warenzeichens ist es, die aus dem

---

[1]) M. M. Kohler S. 25.
[2]) Jungbluth in GR XXIX, S. 173.
[3]) MW XXIV, 153.
[4]) Protokoll S. 15.
[5]) GR XXXIII, S. 263.

Betriebe des Zeicheninhabers stammenden Waren von den Waren gleicher Art eines anderen Betriebes zu unterscheiden (§ 1 WZG)[1]. Diese Aufgabe kann jedoch eine Herkunftsangabe nicht erfüllen, da ihr Unterscheidungskraft regelmäßig nicht innewohnt.[2]) Eine Herkunftsangabe sagt nur über den Ort der Herkunft der Ware, nicht aber darüber etwas aus, aus welchem Betriebe die Ware stammt. Sie individualisiert die Waren nicht, sondern scheidet sie nur unter dem Gesichtswinkel geographischer Herkunft in große Gruppen. Wesentlicher Inhalt des Zeichenrechtes ist das Recht auf eigene unbeschränkte Benutzung und auf Ausschluß anderer von der Benutzung (§ 12 WZG). Das erworbene Recht kann durch Vertrag oder von Todeswegen auf andere übertragen werden (§ 7 WZG). Der Inhaber kann das Recht durch auf seinen Antrag erfolgende Löschung des Zeichens zur Beendigung bringen. Alle diese Rechte stehen den Bewohnern eines Ortes nicht zu. Die geographische Herkunftsangabe steht nicht im Privatrecht dieser Bewohner.[3]) Sie besagt nichts über den Hersteller, sondern ausschließlich über den Ort der Herstellung.[4]) Den Bewohnern des Ortes steht auch nicht allein das Recht zu, Mißbrauch der Herkunftsangabe zu verfolgen, vielmehr hat das gleiche Recht jeder Gewerbetreibende, der Waren gleicher oder verwandter Art herstellt oder vertreibt und außerdem die in Betracht kommenden Interessenverbände (§ 13 UWG). Namentlich

---

[1]) Auch das Verbandszeichen ist ein Unterscheidungsmerkmal der Waren einer individuell begrenzten Zahl der Verbandsangehörigen.

[2]) Von gewissen Ausnahmen, wie z. B. La Chartreuse, einem Ort, der ausschließlich im Besitz eines Bewohners, nämlich eines Klosters ist, mag hier abgesehen werden.

[3]) so auch Pinzger-Heinemann S. 307, ebenso Allfeld S. 635 „Die Herkunftsbezeichnungen unterliegen mit Rücksicht auf die beteiligten allgemeinen Interessen nicht wie Individualbezeichnungen der Disposition des einzelnen". Kohler S. 182: „Die Ortsbezeichnung ist keine persönliche Bezeichnung, sie ist keine persönliche Marke, sie steht nicht einer bestimmten Person als solcher zu, sie steht dem Produzenten nur zu als Produzenten des betreffenden Ortes und nur in seiner Eigenschaft als Produzenten des Ortes; sie steht ihm nur zu für die betreffenden örtlichen Erzeugnisse, sie steht ihm nur zu, solange er derartige örtliche Erzeugnisse produziert. Und wenn er an verschiedenen Orten produziert, so hat er die Produkte jedes Ortes nach dieser Örtlichkeit zu bezeichnen, ohne Rücksicht auf den Ort seiner Niederlassung."

[4]) Der Bewohner eines Ortes A, der sich vorübergehend in B aufhält oder dort eine Zweigfirma unterhält, hat nicht das Recht, dort hergestellte Ware mit der Angabe „A" zu versehen, während andererseits der Bewohner des Ortes B sehr wohl berechtigt ist, von ihm in A hergestellte Ware als „A-Ware" zu bezeichnen. Vgl. auch RG in MW VIII S. 210: Einer aus Konstantinopel stammenden Firma wurde die Benutzung der Angabe „Sossidi frères de Constantinople" auf Zigarettenpackungen untersagt, da darunter verstanden werden müsse, die Zigaretten seien in Konstantinopel hergestellt; ebenso RG in MW XXVI, S. 81: Der von der Beklagten vertretene Standpunkt, sie sei zur Verwendung der Bezeichuung „Tauchlitzer Schwarzbier" deshalb berechtigt, weil sie die Elstertalbrauerei in Tauchlitz während des Krieges gekauft habe und das in dieser von 1900 bis 1922 gebraute „Tauchlitzer Schwarzbier" nunmehr in ihrer Brauerei Gera-Pforten nach dem gleichen Rezept herstellte, sei verfehlt, da sie eben dort kein Bier mehr braue.

können die Bewohner durch keinerlei Rechtsgeschäft über die Herkunftsangabe verfügen. Sie können den Gebrauch nicht auf Dritte übertragen, ebensowenig wie sie für sich oder ihre Rechtsnachfolger rechtsverbindlich auf den Gebrauch verzichten können.

Die Benutzung einer geographischen Herkunftsangabe entfließt also nicht einem dem Warenzeichenrecht ähnlichen subjektiven Recht, sondern geschieht in Ausübung natürlicher freier Betätigung. Dieser Betätigung sind Grenzen dort gezogen, wo in einer gegen die guten Sitten verstoßenden Weise die Freiheit der gewerblichen Betätigung des Mitbewerbers verletzt wird. „Jede Wirtschaft des Einen hat sich in den Grenzen zu halten, welche die Persönlichkeit des Anderen erfordert. Die Persönlichkeit eines jeden verlangt aber, daß er nicht durch täuschende anstandwidrige Mittel geschädigt oder unterdrückt wird."[1]) Durch die Benutzung einer falschen geographischen Herkunftsangabe wird die Persönlichkeit[2]) der Mitbewerber jedoch in doppelter Hinsicht verletzt. Es wird nicht nur der Irrtum erregt, die Ware entstamme dem Herstellungsort der Mitbewerber und habe demnach die dort übliche Beschaffenheit, sondern es wird auch fremde Arbeitsleistung widerrechtlich dadurch ausgenutzt, daß die unrichtige Herkunftsangabe die Erinnerung an die Vorzüge der „echten" Ware weckt und somit den Absatz der „unechten" Ware fördert. (Wer z. B. außerhalb München gebrautes Bier „Münchener" nennt, führt nicht nur irre über Herkunft und Beschaffenheit des Bieres, sondern vergrößert den Absatz seines Erzeugnisses durch unlautere Benutzung des dem Namen „Münchener" dank der besonderen Befähigung der dortigen Brauindustrie innewohnenden Rufes)[3]).

Der Schutz geographischer Herkunftsangaben ist also ein Schutz gegen eine besondere Form des unlauteren Wettbewerbs, dessen wesentliches Merkmal ja in der „gegen die Ordnung des Verkehrs verstoßenden und den Wettbewerb schädigenden Handlung"[4]) liegt.

b) Dieses Wesen des Rechtsschutzes geographischer Herkunftsangaben hat seine Stellung im deutschen Rechtssystem bestimmt. Die dieses Gebiet behandelnden Gesetzesbestimmungen haben ihren Platz im Wettbewerbsrecht gefunden und zwar im § 16 WZG und den §§ 3, 4, 5 UWG.

[1]) Kohler S. 17.

[2]) Kohler S. 18: „Die ganze Lehre vom Wettbewerb gruppiert sich um die Lehre des Persönlichkeitsrechtes."

[3]) Vgl. Dunkhase: „Über die Bezeichnungen Münchener und Pilsener Bier in Verbindung mit anderen Herkunftsangaben." MW XV S. 117.

[4]) Osterrieth S. 11.

Für Weinbezeichnungen gelten die Sonderbestimmungen des Weingesetzes vom 7. 4. 1909/1. 2. 1923 (RGBL 1909 S. 393), 1923 I S. 107), die jedoch hier nicht behandelt werden sollen, da sie in ihren Prinzipien nicht von den allgemeinen auf die Behandlung geographischer Herkunftsangaben Anwendung findenden Grundsätze abweichen. Hervorgehoben werden muß jedoch, daß die Vorschriften des § 16 Abs. 2 WZG und § 5 Abs. 1 UWG gemäß § 6 des Weingesetzes auf die Bezeichnungen von Wein keine Anwendung finden. Für Weine werden also Gattungsbezeichnungen geographischen Inhalts nicht mehr anerkannt.

Ergänzend finden die Bestimmungen des § 1 UWG (Generalklausel) und des § 826 BGB Anwendung.[1])

Im zwischenstaatlichen Recht ist die Benutzung geographischer Herkunftsangaben im Art. 10 der Pariser Verbandsübereinkunft vom 20. März 1883 und dem Madrider Abkommen betreffend die Unterdrückung falscher Herkunftsbezeichnungen geregelt, diesem gehört das Reich seit 1925, jenem seit 1903 an. (Vgl. Anhang).

Die oben genannten hauptsächlich in Betracht kommenden gesetzlichen Bestimmungen seien hier in ihrem Wortlaut angeführt:

§ 16 WZG. Wer Waren oder deren Verpackung oder Umhüllung oder Ankündigungen, Preislisten, Geschäftsbriefe, Empfehlungen, Rechnungen oder dergleichen fälschlich mit einem Staatswappen oder mit dem Namen oder Wappen eines Ortes, einer Gemeinde oder weiteren Kommunalverbandes zu dem Zwecke versieht, über Beschaffenheit und Wert der Waren einen Irrtum zu erregen, oder wer zu dem gleichen Zwecke derartig bezeichnete Waren in Verkehr bringt oder feilhält, wird mit Geldstrafe oder mit Gefängnis bis zu sechs Monaten bestraft.

Die Verwendung von Namen, welche nach Handelsgebrauch zur Benennung gewisser Waren dienen, ohne deren Herkunft bezeichnen zu sollen, fällt unter diese Bestimmung nicht.

§ 3 UWG. Wer in öffentlichen Bekanntmachungen oder in Mitteilungen, die für einen größeren Kreis von Personen bestimmt sind, über geschäftliche Verhältnisse, insbesondere über die Beschaffenheit, den Ursprung, den Herstellungsort oder die Preisbemessung von Waren oder gewerblichen Leistungen, über die Art des Bezugs oder die Bezugsquelle von Waren, über den Besitz von Auszeichnungen, über den Anlaß oder den Zweck des Verkaufs oder über die Menge der Vorräte unrichtige Angaben macht, die geeignet sind, den Anschein eines besonders günstigen Angebotes hervorzurufen, kann auf Unterlassung der unrichtigen Angaben in Anspruch genommen werden.

§ 4 UWG. Wer in der Absicht, den Anschein eines besonders günstigen Angebotes hervorzurufen, in öffentlichen Bekanntmachungen oder in Mitteilungen, die für einen größeren Kreis von Personen bestimmt sind, über geschäftliche Verhältnisse, insbesondere über die Beschaffenheit, den Ursprung, den Herstellungsort oder die Preisbemessung von Waren oder gewerblichen Leistungen, über die Art des Bezugs oder die Bezugsquelle von Waren, über den Besitz von Aus-

[1]) Rosenthal S. 9 f: „Das BGB steht gleichberechtigt neben jenen Gesetzen (UWG und den sonstigen gewerblichen Schutzgesetzen) kommt also nur insoweit nicht zur Anwendung, als deren Inhalt seine Anwendbarkeit ausdrücklich oder singgemäß ausschließt." „Über allen Sondergesetzen steht der § 826 BGB."

zeichnungen, über den Anlaß oder den Zweck des Verkaufs oder über die Menge der Vorräte wissentlich unwahre und zur Irreführung geeignete Angaben macht, wird mit Gefängnis bis zu einem Jahre und mit Geldstrafe bis zu fünftausend Mark oder mit einer dieser Strafen bestraft.

Werden die in Abs. 1 bezeichneten unrichtigen Angaben in einem geschäftlichen Betriebe von einem Angestellten oder Beauftragten gemacht, so ist der Inhaber oder Leiter des Betriebes neben dem Angestellten oder Beauftragten strafbar, wenn die Handlung mit seinem Wissen geschah.

§ 5 UWG. Die Verwendung von Namen, die im geschäftlichen Verkehr zur Benennung gewisser Waren oder gewerblicher Leistungen dienen, ohne deren Herkunft bezeichnen zu sollen, fällt nicht unter die Vorschriften der §§ 3, 4.

Im Sinne der Vorschriften der §§ 3, 4 sind den dort bezeichneten Angaben bildliche Darstellungen und sonstige Veranstaltungen, gleichzuachten, die darauf berechnet und geeignet sind, solche Angaben zu ersetzen.

c) Wenn es auch nicht Aufgabe dieser systematischen Darstellung des Rechtsschutzes geographischer Herkunftsangaben sein kann, diese gesetzlichen Bestimmungen in ihren Einzelheiten zu erläutern, so ist es doch notwendig, ihre Gliederung, die sie voneinander unterscheidenden Merkmale und die ihnen innewohnenden Elemente, die nicht systematisch zusammengefaßt werden können, zu besprechen.

I. § 16 WZG.

a) Allgemeines: Während das Zeichen- und Ausstattungsrecht der §§ 1–15 WZG dem Schutze der Rechte bestimmter Individuen dient, hat der § 16 WZG nicht warenzeichenrechtliche sondern wettbewerbrechtliche Funktion. Seine Stellung innerhalb des WZG, das ja nur ein Teil des Wettbewerbsrechtes ist,[1] ist jedoch auch heute noch, wo die gleiche Materie im UWG geregelt ist, insofern begründet, als der Herkunftsbezeichnung, wie oben ausgeführt wurde, wirtschaftlich in mancher Beziehung ähnliche Aufgaben zukommen wie dem Warenzeichen. Deshalb erscheint es – auch mit Rücksicht auf die Wichtigkeit des Schutzes von Herkunftsangaben – nicht richtig, § 16 WZG unter Hinweis darauf, daß die Bestimmungen der §§ 3, 4, 5 UWG genügten, zu streichen, wie es der Entwurf eines Warenzeichengesetzes von 1913 vorsah.[2] Im Tatbestand der in Betracht kommenden Bestimmungen besteht überdies insofern äußerlich ein Unterschied, als in §§ 3, 4 UWG ausdrücklich nur von „Mitteilungen, die für einen größeren Kreis von Personen" bestimmt sind, die Rede ist. Praktisch werden allerdings Angaben der in § 16 WZG genannten Art regelmäßig an einen größeren Personenkreis gerichtet sein, sodaß ein Unterschied zwischen den ge-

[1]) Seligsohn S. 23, Pinzger-Heinemann S. 16.

[2]) MW XII Beilage S. 34.

nannten Gesetzesbestimmungen tatsächlich insofern nicht vorhanden ist.[1]) Ein wesentlicherer Unterschied besteht darin, daß §3 UWG einen Unterlassungsanspruch gewährt, während § 16 WZG nur eine Strafvorschrift gibt. Der § 16 WZG gilt jedoch als Schutzgesetz im Sinne des § 823, 2 BGB, sodaß die Rechtsprechung[2]) aus ihm sowohl einen Schadenersatz- wie auch einen Unterlassungsanspruch abgeleitet hat.[3]) Erwähnt sei noch, daß § 4 UWG wesentlich höhere Strafen androht als § 16 WZG.

Die sachlichen Voraussetzungen.

b) Herkunftsbezeichnungen. § 16 schützt Staatswappen sowie Namen oder Wappen eines Ortes, eines Gemeinde- oder weiteren Kommunalverbandes. Die Frage, ob auch Ländernamen in den Schutz des § 16 einbezogen sind, wird verschieden beantwortet.[4]) Sie ist in der Praxis insofern unwesentlich, als die mißbräuchliche Verwendung eines Ländernamens immer durch §§ 3, 4 UWG geschützt ist. Der Begriff „Ort" ist im weitesten Sinne auszulegen. Er ist einerseits nicht an kommunalpolitische Grenzen gebunden, andererseits kann auch nur ein Teil einer politischen Einheit des Schutzes teilhaftig sein. So ist z. B. die Anwendung der Angabe „Solingen" zulässig für die in der Stadt Solingen und den ihr benachbarten Städte Ohligs, Wald, Höhscheid und Gräfrath hergestellten Schneidwaren. Der Namen „Pilsen" bezieht sich jedoch nur auf in Alt-Pilsen hergestelltes Bier. In dem mit Alt-Pilsen seit 1925 zu einem Groß-Pilsen vereinigten Gemeinden dürfen auf Grund eines besonderen Gesetzes[5]) 20 Jahre lang Brauereien nicht errichtet werden, nach Ablauf dieser Frist ist dies nur mit Genehmigung des Ministeriums des Innern möglich. Der Begriff Ort umfaßt aber nicht nur politisch begrenzte Gebiete, sondern auch Gemarkungen, Klöster, Schlösser, Quellen usw.[6]) Nach dem Wortlaut des Gesetzes sind außer Wappen andere bildliche Ausdrucksmittel nicht geschützt, also nicht die Darstellung durch das Stadtbild, ein „Wahrzeichen", Lageplan und dergl.[7]) Auch hier müssen die Bestimmungen des UWG in die Lücke treten.

---

[1]) Pinzger-Heinemann S. 308, Seligsohn S. 257.

[2]) vgl. z. B. RG in MW XIV S. 29: „Daß aus dieser strafrechtlichen Norm (§ 16,1 WZG) sofern ihre sämtlichen Tatbestandsmerkmale vorliegen, ein zivilrechtlicher Anspruch, wie ihn die Klägerin vorliegend geltend macht, hergeleitet werden kann, ist nach der Rechtsprechuug nicht zweifelhaft, vgl. RG Bd. 25 S. 347 Bd. 53 S. 400".

[3]) Rosenthal S. 12, Pinzger-Heinemann S. 307, Seligsohn S. 257.

[4]) bejahend Hagens S. 263, a.M. Seligsohn S. 258, Pinzger-Heinemann S. 308.

[5]) vgl. Gellner „Die Entwicklung des Pilsner Gemeindegebietes und der Schutz der Ursprungsbezeichnung „Pilsner Bier" in MW XXIV S. 101.

[6]) Seligsohn S. 258, Pinzger-Heinemann S. 308.

[7]) Pinzger-Heinemann S. 309, a. M. Hagens S. 262.

c) „Fälschliche“ Bezeichnung. Aus der Bezeichnung einer Ware mit dem Namen eines Ortes muß regelmäßig geschlossen werden, die Ware entstamme diesem Ort. Ist das nicht der Fall, so ist die Herkunftsangabe falsch. Zahlreiche Waren, namentlich industrielle Fertigerzeugnisse, entstammen aber mehreren Orten, insofern als sie nicht von Grund auf an einem Ort hergestellt worden sind. Die sehr bedeutsame Frage, welches der rechtlich erhebliche Herkunftsort dieser Ware ist, ist im Abschnitt III behandelt worden.

Die persönlichen Voraussetzungen.

d) Irrtumserregung. Der Tatbestand des § 16 ist nur vollendet, wenn die fälschliche Angabe eines Ortes „zu dem Zwecke“ erfolgt, einen Irrtum zu erregen. Es wird also vorsätzliches Handeln verlangt, Fahrlässigkeit bleibt straffrei. Der Vorsatz der Irrtumserregung muß einerseits gegeben sein, sodaß bedingter Vorsatz nicht genügt, andererseits reicht er aus, sodaß es nicht notwendig ist, daß der Irrtum tatsächlich eingetreten ist.[1]) Die Absicht der Irrtumserregung wird regelmäßig daran erkennbar sein, daß ein anderer vernünftiger Grund die Ware so zu bezeichnen nicht vorhanden ist. Mit der Täuschungsabsicht kann ein anderer Zweck verbunden sein z. B. Vernichtung eines Mitbewerbers oder dergl.

e) Inhalt der Irrtumserregung. Der Irrtum muß über Beschaffenheit und Wert der Waren erregt werden und zwar durch die Ortsangabe. Es sind daher zu solcher Irrtumserregung nur solche Ortsangaben geeignet, bei denen die Verkehrsanschauung die Vorstellung eines begrenzten geographischen Bezirkes einerseits mit einer bestimmten Warenbeschaffenheit andererseits verbindet (s. S. 9). Es erscheint richtig diese für die vorliegende systematische Darstellung besonders bedeutungsvolle Tatsache durch die Aeußerungen einiger Schriftsteller zu belegen. Finger sagt zwar (S. 436): „Gleichgültig ist auch, ob das Land bezw. der Ort einen hervorragenden Ruf hinsichtlich der betr. Ware genießt oder sonstwie berühmt ist. Das Gesetz gibt insoweit keine Vorschrift“, er fährt dann jedoch fort: „Immerhin muß durch den Herkunftsort ein Einfluß auf die Wertschätzung stattfinden“. S. 451 führt er aus: „Das Urteil muß also Irrtum über den Herkunftsort und in ursächlichem Zusammenhang damit über Beschaffenheit und Wert nicht über

---

[1]) Pinzger-Heinemann S. 314.

Herstellungsart usw. feststellen". Pinzger-Heinemann geben an (S. 315): „Da das Mittel der Irrtumserregung die falsche örtliche Herkunftsangabe ist, so kann nur der dadurch erreichbare Irrtum gemeint sein. Kann die Ortsangabe einen solchen Irrtum überhaupt nicht herbeiführen, so ist sie nicht strafbar", und ferner: „Es kommt darauf an, ob die Ortsangabe in den Augen der Verbraucher eine höhere oder besondere Wertschätzung der dorther stammenden Ware gegenüber gleichen Waren anderer, insbesondere der richtig angegebenen Herkunft rechtfertigt, so daß die falsche Angabe unberechtigterweise werterhöhend wirkt". Hagens stimmt damit überein, wenn er sagt (S. 263): „Es muß aber bezweckt werden, daß über Beschaffenheit und Wert der Ware ein Irrtum erregt wird und dazu bedarf es der Angabe eines Ortes, der nach Auffassung des Verkehrs hierfür von Erheblichkeit ist". Seligsohn (S. 261): „Maßgebend ist also, ob im Handel der von dem betreffenden Orte herstammenden Ware eine besondere Beschaffenheit und ein erhöhter Wert zuerkannt wird". Und RG[1]): „Der Tatbestand des § 16 Abs. 1 WZG erfordert, daß der Täter im Handel und Verkehr mit Waren eine Täuschung über die geographische Herkunft derselben und hierdurch über ihre Beschaffenheit und ihren Wert beabsichtigt hat".

Maßgebend für die Beurteilung von Beschaffenheit und Wert ist die Verkehrsauffassung. Die mit der irreführenden Bezeichnung versehene Ware kann also der „echten" Ware ebenbürtig oder sogar überlegen sein. Es genügt, daß die echte Ware sich im Verkehr – „ob mit Recht oder Unrecht kann dahingestellt bleiben"[2]) – höherer Wertschätzung erfreut. „Wie das Reichsgericht wiederholt ausgesprochen hat, ist unter „Wert" in dem einschlägigen Tatbestandsmerkmale nicht der wirkliche, innere Wert der Ware zu verstehen, sondern der Handelswert, d. h. der Wert, der der Ware mit Rücksicht auf ihre Herkunftsquelle im Verkehr beigemessen wird."[3])

f) Strafverfolgung. Die Strafverfolgung findet von Amtswegen statt. Ein Verletzter ist zur Privatklage befugt. (§ 374 Abs. 1 Nr. 8 St P O). Auf Grund des § 19 WZG kann auf Beseitigung der widerrechtlichen Kennzeichnung bezw. Vernichtung der damit versehenen Gegenstände erkannt werden.

---

[1]) MW XIV S. 29.
[2]) RG in MW XXIV S. 7.
[3]) RG in MW VIII S. 14.

§ 16 Abs. 2 ist seinem Inhalt nach in Abschnitt I B dieser Arbeit behandelt worden.

II. § 3 UWG.

a) Allgemeines. Die §§ 3, 4 UWG treffen Bestimmungen gegen unwissentlich und wissentlich unrichtige Reklame. § 3 regelt die zivilrechtlichen, § 4 die strafrechtlichen Voraussetzungen und Folgen unrichtiger Anpreisung.

b) Form. Die unrichtige Reklame muß in öffentlichen „Bekanntmachungen" oder in „Mitteilungen", die für einen größeren Kreis von Personen bestimmt sind, erfolgen. Als „öffentlich" ist jede Bekanntmachung anzusehen, die sich an einen individuell nicht begrenzten Personenkreis wendet, der jedoch seinerseits z. B. eine besondere soziale Gruppe bilden kann (z. B. Wurfsendungen an „alle höheren Beamten" oder dergl.). Es genügt, daß die Bekanntmachung für eine individuell nicht begrenzte Personenzahl bestimmt ist, sie braucht im Einzelfalle nicht zur Kenntnis mehrerer zu gelangen.[1]) Bestimmt für einen größeren Personenkreis sind auch diejenigen Mitteilungen, die zunächst nur gegenüber einer individuellen Person erfolgt sind, aber zu dem Zwecke, daß durch ihre Verbreitung eine unbestimmte große Zahl anderer Personen Kenntnis davon erhalte.[2]) Als öffentliche Bekanntmachungen sind namentlich anzusehen Anzeigen in aller Art Druckschriften, Flugblättern, Lichtreklamen usw. Mitteilungen, die für einen größeren Kreis von Personen bestimmt sind, können gemacht werden in jeder Art von Geschäftspapieren, Briefbogen, Rechnungen, Speisekarten, Plakaten und namentlich auf den Waren selbst. Alle Ausdrucksmittel – schriftlich, mündlich und durch Gebärde – stehen gleichberechtigt nebeneinander.[3])

c) Inhalt der Bekanntmachung oder Mitteilung muß sein eine unrichtige Angabe über geschäftliche Verhältnisse, die geeignet ist, den Anschein eines besonders günstigen Angebots hervorzurufen.

Als Angaben sind anzusehen alle Behauptungen mit „tatsächlichem" Inhalt im Gegensatz zu allgemeinen oder subjektiven Werturteilen. Maßgebend für die Beurteilung der Frage, ob eine Angabe „unrichtig" ist, ist die Verkehrsauffassung, die in dem Personenkreis Geltung hat, an den sich die Angabe in erster Linie richtet.[4]) Dabei ist darauf

[1]) Rosenthal S. 195.
[2]) RG in MW XV S. 94.
[3]) Rosenthal S. 196.
[4]) RG in MW XI S. 535.

Rücksicht zu nehmen, daß der Verkehr solche Angaben erfahrungsgemäß nicht aufmerksam zu prüfen pflegt. Die Gesamtwirkung der Angabe ist demnach einer Beurteilung zu Grunde zu legen, nicht aber eine von Wort zu Wort fortschreitende Prüfung.[1]) Daraus folgt der richtige Grundsatz, daß auch abstrakt „richtige" Angaben „unrichtig" im Sinne des § 3 UWG sein können, wenn ihr wahrer Sinn nur bei einer dem Verkehr nicht zuzumutenden Aufmerksamkeit zu erkennen ist.[2])

Die Angaben müssen über „geschäftliche Verhältnisse" gemacht sein. Dieser umfassende Begriff schließt die in der Gesetzesbestimmung folgenden Einzelfälle ein. Hier interessieren nur die Angaben über „Ursprung".[3]) Die Frage, welches der „Ursprung" bezw. die „Bezugsquelle" einer Ware ist, ist im Abschnitt III behandelt worden.

Die Angabe muß geeignet sein in ihrer Unrichtigkeit den „Anschein" eines besonders günstigen Angebotes hervorzurufen. Daß das Angebot tatsächlich besonders günstig ist, ist nicht entscheidend. Maßgebend für die Beurteilung der Frage, ob der „Anschein" durch die unrichtige Reklame erweckt ist, ist die Verkehrsauffassung. Bei mißbräuchlicher Benutzung rechtlich schutzwürdiger geographischer Herkunftsangaben wird der „Anschein" regelmäßig in der Vorstellung von der besonderen Beschaffenheit der angebotenen Ware liegen.

Die Angabe muß auch „geeignet" sein, solchen Anschein hervorzurufen. Herkunftsangaben werden diese Eignung nur haben, wenn sich in der Auffassung des Verkehrs mit der Vorstellung von der Herkunft der Ware aus einem bestimmten geographischen Bezirk die von einer besonderen Beschaffenheit bezw. Güte verbindet. Wer auf in Bonn hergestellten Porzellanwaren die Angabe „Köln" anbringt, kann nicht zur Unterlassung angehalten werden, da der Name Köln als Herkunftsangabe für Porzellan nicht geeignet ist, Vorstellungen über

---

[1]) RG in MW XXIII S. 137.

[2]) RG in MW VIII S. 220.

[3]) „Ursprung" ist nach der Begründung in das Gesetz von 1909 neu aufgenommen, um den Erzeugnissen der Tier- und Pflanzenzucht besseren Schutz zu gewähren. Geographische Herkunftsangaben wären also an sich dem Begriff „Bezugsquellen" einzuordnen. Es besteht jedoch keinerlei Hindernis sie – was sprachlich weit befriedigender ist – als zu der Gruppe „Ursprung" gehörig zu betrachten. „Ursprung" umfaßt nicht nur die geographische Herkunft, sondern viel weiter jede Herkunft im allgemeinen Sinne des Wortes, also auch die Herkunft aus einem bestimmten Betriebe, von einer bestimmten Person und dergl. Daß geographische Herkunftsangaben unter die Bestimmungen der §§ 3, 4, 5 UWG fallen, war früher bestritten, ist jetzt jedoch allgemein anerkannt. Die reiche Rechtsprechung lehrt, daß §§ 3, 4 UWG gegenüber § 16 WZG bei Mißbräuchen geographischer Herkunftsangaben ungleich häufiger angewandt werden.

besondere Vorzüge des Erzeugnisses hervorzurufen; anders wenn der Namen „Meißen" benutzt würde. Eignung zum Hervorrufen des Anscheins genügt, es ist nicht erforderlich, daß Dritte tatsächlich irregeführt oder gar geschädigt werden. „Zur Irreführung geeignet ist eine Angabe schon dann, wenn auch nur ein Teil des Publikums dadurch getäuscht werden konnte".[1]) Als „besonders günstig" muß ein Angebot dann angesehen werden, wenn es gegenüber anderen Angeboten irgendwelche Vorteile zu gewähren scheint, die zur bevorzugten Wahl anzureizen geeignet sind.

d) Rechtsfolgen. Aus Verstößen gegen § 3 erwächst nur der zivilrechtliche Anspruch auf Unterlassung. Zum Schadenersatz ist jedoch verpflichtet, wer die Unrichtigkeit der von ihm gemachten Angaben kannte oder kennen mußte. (§ 13, 2 UWG). Der Anspruch auf Unterlassung kann von einem Mitbewerber oder einem prozeßfähigen „Verband zur Förderung gewerblicher Interessen" geltend gemacht werden. (§ 13 UWG). Zur Sicherung der Ansprüche auf Unterlassung können einstweilige Verfügungen erlassen werden (§ 25 UWG).

III. § 4 UWG.

a) Allgemeines. Die sachlichen Voraussetzungen des § 4 sind die gleichen wie beim § 3. Die persönlichen Voraussetzungen sind jedoch wesentlich andere. Während ein Anspruch aus § 3 schon gegeben ist, wenn objektive Unrichtigkeit der Angabe vorliegt, setzt § 4 absichtliche Irrtumserregung durch wissentlich unwahre und zur Irreführung geeignete Angaben voraus.

b) Als subjektive Voraussetzungen werden vom RG und Rosenthal (S. 220) folgende Tatbestandsmerkmale gefordert: Daß es sich um wissentlich unwahre und um wissentlich zur Irreführung geeignete Angaben handelt, sowie daß die Absicht des Täters darauf gerichtet war, den Anschein eines besonders günstigen Angebotes hervorzurufen

Das Bewußtsein der Rechtswidrigkeit braucht jedoch nicht vorhanden zu sein.[2])

Neben objektiver Unrichtigkeit der Angabe (§ 3) setzt § 4 subjektiv Bewußtsein der Unrichtigkeit voraus. Bedingter Vorsatz gilt als ausreichend,[3]) es genügt, daß der Täter den etwaigen Eintritt eines

[1]) RG in MW VII S. 179.
[2]) Rosenthal S. 220.
[3]) Rosenthal S. 220.

ihm möglich erscheinenden Erfolges im voraus gutheißt. Der Täter muß aber auch wissen, daß die Angabe zur Irreführung geeignet ist. Diese Vorraussetzung wird regelmäßig dann gegeben sein, wenn der Täter wissentlich eine unrichtige Angabe benutzt in der Absicht, den Anschein eines besonders günstigen Angebotes hervorzurufen. Anderenfalls liegt für ihn kein Anreiz vor, gerade diese Angabe zu wählen. Die Absicht des Täters muß ferner darauf gerichtet sein, den Anschein eines besonders günstigen Angebotes hervorzurufen. Die Angabe braucht jedoch objektiv hierzu nicht geeignet zu sein, es genügt, wenn der Täter sie für geeignet hält.[1]) Die Absicht, den Anschein eines besonders günstigen Angebotes hervorzurufen, wird regelmäßig aus der Benutzung einer wissentlich unwahren Angabe gemutmaßt werden können.

Da vielfach die Frage Herkunfts- oder Beschaffenheitsangabe gerade bei wertvollen Warenbezeichnungen stark umstritten ist, wird das Vorliegen der subjektiven Voraussetzungen des § 4 nicht immer leicht zu beweisen sein. In Zweifelsfällen wird man daher auf den an sich gegenüber § 3 wirksameren Rechtsschutz des § 4 verzichten müssen, um nicht durch eine Klageabweisung der Verwässerung einer Herkunftsangabe Vorschub zu leisten.

c) Rechtsfolgen. Verstöße gegen § 4 sind von Amtswegen zu verfolgen (§ 22 in der Fassung vom 14. IV. 1925). Der Verletzte und die Verbände zur Förderung gewerblicher Interessen sind jedoch zur Privatklage berechtigt (§ 22,3). Einer öffentlichen Klage können sie sich als Nebenkläger anschließen. (§§ 395 ff. STPO). Bei Verurteilung kann auf öffentliche Bekanntmachung des Urteils erkannt werden (§ 23).

IV. § 5 UWG.

Der Inhalt des Abs. 1 stimmt sachlich mit § 16,2 WZG überein. Er bedeutet eine Einschränkung der Bestimmungen der §§ 3 und 4 UWG und besagt. daß Gattungsangaben im Warenverkehr ungehindert benutzt werden dürfen. Eine systematische Besprechung der in Betracht kommenden Bezeichnungen ist im Abschn. I B dieser Schrift erfolgt.

Im Abs. 2 wird die Gleichstellung bildlicher Darstellungen und sonstiger Veranstaltungen mit wörtlichen Angaben, die im WZG vermißt wird, ausdrücklich bestimmt.

---

[1]) RG in MW XIV S. 44. „Im übrigen würde es zur Erfüllung des in Rede stehenden Tatbestandmerkmals nicht einmal des Nachweises bedürfen, daß das gewählte Mittel wirklich geeignet war, einen solchen Anschein hervorzurufen. Es würde vielmehr genügen, wenn dies nach den Vorstellungen des Angeklagten zutraf".

V. Typische Formen des Mißbrauchs geographischer Herkunftsangaben.

Die äußeren Formen, in denen sich der Mißbrauch geographischer Herkunftsangaben darstellt, sind überaus mannigfaltig und bieten der rechtlichen Beurteilung demnach mehr oder weniger große Schwierigkeiten.

a) Regelmäßig einfach zu beurteilen sind diejenigen Fälle, in denen eine Ware mit einer unrichtigen rechtlich schutzwürdigen Herkunftsangabe versehen ist, ohne daß dieser Angabe irgendwelche Zusätze beigefügt sind und ohne daß zwischen der Ware und dem angegebenen Ort irgendwelche Beziehungen bestehen. Es sei z. B. daran gedacht, daß eine in Thüringen aus Bochumer Stahl hergestellte Schneidware mit dem Namen „Solingen“ versehen wird. In solchen Fällen ist die Klärung der Frage, ob die benutzte Angabe noch Herkunftsangabe oder schon Gattungsbezeichnung ist, gleichbedeutend mit der Lösung des Streitfalles als solchem.

In der Mehrzahl aller Fälle erscheint jedoch die unrichtige Herkunftsangabe nicht in rechtlich so einfach zu beurteilender Form. Wenn auch die Möglichkeit der verschiedenartigen Verwendung solcher Angaben unbegrenzt ist, so soll doch im Folgenden versucht werden, einige hauptsächlich vorkommende Gruppen zu bilden und ihre Eigentümlichkeiten aufzuzeigen.

b) Es liegt nahe, daß in den einem für eine bestimmte Ware berühmten Herkunftsort benachbarten Orten die Hersteller von Waren gleicher Art an dem Ruf teilzunehmen bemüht sind, indem sie unter Vergewaltigung der tatsächlichen geographischen Verhältnisse in ihren Geschäftspapieren und auf den Waren eine nicht vorhandene mehr oder weniger enge Beziehung zwischen ihrem Wohnsitz und dem bekannten Herkunftsort behaupten, So finden sich Bezeichnungen wie „Mettmann bei Solingen“ (für unechte Solinger Stahlwaren), „Homburg v. d. H. bei Friedrichsdorf i. T.“ (für unechten Friedrichsdorfer Zwieback) usw. Solche Bezeichnungen sind nur dann nicht rechtswidrig, wenn die Bezugnahme auf den bekannten Herkunftsort (z. B. postalisch) notwendig ist und einem ungezwungenen allgemeinen – nicht nur in einem bestimmten Gewerbezweig herrschenden – Brauch entspricht. Andernfalls muß in der Angabe „bei...“ nicht nur eine unrichtige Angabe im Sinne der §§ 16 WZG und 3, 4 UWG sondern auch ein den

§ 1 UWG verletzender unlauterer Hinweis auf die gewerblichen Leistungen Dritter erblickt werden; denn unlauter ist es, den Ruf einer Ware dadurch auszunutzen, daß man durch ihre Erwähnung die Aufmerksamkeit auf eine andere Ware lenkt.[1])

c) Dieses Moment ist auch entscheidend für die Beurteilung der Fälle, in denen auf die gewerbliche Leistung Dritter durch Verwendung der Angaben „nach der Art von ...", „Ersatz ...", „System ...", „künstlich ..." Bezug genommen wird. Lobe (a. a. O.) erblickt mit Recht in jeder Art der Benutzung fremder gewerblicher Leistungen zur Beeinflussung des freien Willens der Abnehmer, Kunde zu werden, unlauteren Wettbewerb. Wer sich die Kräfte des Mitbewerbers wider dessen Willen dienstbar mache, um seine Erwerbstätigkeit zu fördern, fälsche die Richtigkeit und Wahrheit des Vergleichs der im Wettbewerb stehenden Kräfte. Richtig und wahr sei nur der Vergleich, der auf ein Abwägen der eigenen Kräfte eines jeden Mitbewerbers ausgehe. „Es kommt nicht darauf an, ob der Inhalt dieser Vergleichung und Inbeziehungssetzung unrichtig oder wahr ist, entscheidend ist allein die Tatsache, daß schon durch die Miterwähnung der bekannten Ware des einen Mitbewerbers deren Ruf ausgenutzt wird zur Erregung der Aufmerksamkeit auch auf die bisher noch unbekannte Ware des anderen Mitbewerbers."[2]) Die gleiche Ansicht vertritt das RG für Individualnamen wenn es sagt, wenn die Beklagten für ihre Waren einen Namen wählten, der den Namen der Klägerin in sich aufnahm, „so kann ihre Absicht sich nicht darauf beschränkt haben, damit ihre Ware als eine ebenso gute, ebenso dienlich wie die der Klägerin zu bezeichnen, ihre Absicht muß vielmehr weiter dahin gegangen sein, ihrer Ware den Namen der Klägerin anzuheften, um dadurch, wenn auch nicht das Publikum zu täuschen, so doch in Ausnutzung des von der Klägerin für ihren Namen und ihre Fabrikate erworbenen guten Rufes den eigenen Wettbewerb zu erleichtern und den der Klägerin zu erschweren."[3]) Zu eng und rein formalistisch ist dagegen die Entscheidung[4]), in der die Worte „Ersatz für Chartreuse" trotz des geschützten Wortes „Chartreuse" für zulässig erklärt wurden, weil in dem in Betracht kommenden Fall der Zusatz „Ersatz für" zu dem Worte Chartreuse notwendig mit diesem

[1]) Vergl. Lobe: Der Hinweis auf fremde gewerbliche Leistung als Mittel zur Reklame MW XVI S. 129 ff.
[2]) Lobe a. a. O.
[3]) RG in MW XIV S. 216.
[4]) RG in MW XI S. 197.

Worte zugleich wahrgenommen werden müsse, wodurch Verwechslungen ausgeschlossen seien. Ob das RG mit der in dem obengenannten Urteil aufgestellten Behauptung, örtliche Herkunftsbezeichnungen seien eher als Personennamen geneigt, in Verbindung mit anderen Worten den Charakter einer Herkunftsbezeichnung ganz zu verlieren und sich zu einer bloßen Beschaffenheitsangabe abzuschwächen, Recht hat, mag dahingestellt bleiben. Wie diese Frage auch beantwortet wird, kann es nicht zweifelhaft sein, daß die Benutzung solcher Wortverbindungen gerade deshalb unlauter ist, weil sie geeignet ist, den richtigen Herkunftsangaben die kennzeichnende Schlagkraft zu nehmen und sie zu allgemeinen Gattungsbezeichnungen herabzudrücken.[1]) Jedenfalls ist der die Entwicklung zur Gattungsbezeichnung fördernde Einfluß solcher Angaben als rechtswidrig anzusehen.[2])

d) Die unter c getroffenen Feststellungen legen die Frage nahe, wieweit Zusätze zu unrichtigen Herkunftsangaben überhaupt geeignet sind, die Unrichtigkeit aufzuheben. Grundsätzlich ist festzustellen, daß Zusätzen eine solche Kraft in der Regel nicht innewohnt. „Eine falsche Angabe bleibt falsch, auch wenn man dabei bemerkt, sie entspreche nicht der Wahrheit, und den durch die falsche Angabe erweckten Irrtum wieder auszuräumen, ist erfahrungsgemäß schwer."[3]) Wenn die Feststellung der Unrichtigkeit aus einem richtigstellenden Zusatz häufig schon in kurzen Warenbezeichnungen sehr schwierig ist, so wird sie oft unmöglich dort, wo die Herkunftsangabe – in Inseraten, Gebrauchsanweisungen usw. – als Schlagwort in langatmigen Erläuterungen oder in einer Schlagzeile eingebettet ist. „Der Tatbestand unrichtiger Angaben im Sinne des § 3 UWG wird nicht damit aus der Welt geschaffen, daß den in auffälligem Druck gehaltenen, dem Leser in die Augen springenden, anpreisenden und dabei unrichtigen Angaben im weiteren Text der Anzeige in kleinerem Druck Wendungen folgen, denen der aufmerksame Leser entnehmen kann, vielleicht auch entnehmen muß, daß die der Ware beigelegte Bezeichnung ihr in Wahrheit nicht zukommt. Es entspricht nicht der Absicht des Gesetzes, wenn der Vorderrichter den Leser der Anzeige darauf verweist, die tatsächlich unrichtige Bezeichnung aus dem übrigen Inhalt der Anzeige richtigzustellen. Viel-

[1]) So auch OLG Dresden angewandt auf eine Firmenbezeichnung in MW XXIII S. 140.
[2]) vgl. auch Rosenthal S. 131.
[3]) P. A. in MW XI S. 271.

mehr soll der Geschäftsmann in seinen Anzeigen und allgemeinen Mitteilungen unrichtige Angaben der in § 3 des Gesetzes bestimmten Art von vornherein garnicht machen".[1]) Die Gesamtwirkung einer solchen Mitteilung ist maßgebend, nicht aber ihr Inhalt, der sich ergibt, wenn man Wort für Wort von ihr Kenntnis nimmt. Entscheidend ist auch nicht eine mögliche Auffassung, sondern diejenige, die sich ohne Zwang in der Vorstellung des Durchschnittslesers desjenigen Publikums bildet, an die die Mitteilung in erster Linie gerichtet ist. OLG Celle[2]) kennzeichnet den rechtlich wesentlichen Inhalt einer Anzeige als das, was das Publikum oder ein großer Teil des Publikums „psychologischer Notwendigkeit zufolge" daraus entnimmt. „Dabei ist namentlich zu berücksichtigen, daß die bekannten geographischen Herkunftsangaben den Charakter von Schlagworten haben, die alle Zusätze übertönen. In Uebereinstimmung mit diesen Grundsätzen wurde z. B. die Angabe „Dekor Meißen" auf mit einem Zwiebelmuster versehenen nicht in Meißen hergestellten Tellern untersagt, da „nach allgemeiner Lebenserfahrung" das Publikum über die Bedeutung der Angabe „Dekor" keine fachmännischen Betrachtungen anstellen werde, es werde vielmehr den technischen Ausdruck „Dekor" überhaupt nicht verstehen, darin vielleicht eine Abkürzung von „Dekoration" sehen und ihm als unerheblich gar keine Bedeutung beilegen, sondern nur auf das nächste Wort „Meißen" Gewicht legen.[3])

e) Das Uebergewicht bekannter Herkunftsangaben kann so groß sein, daß es auch abstrakt richtige Angaben zu unrichtigen im Sinne des Gesetzes macht. „Eine Angabe kann nach ihrem Wortsinn richtig sein aber dann als unrichtig erscheinen, wenn mit ihr von dem in Betracht kommenden Publikum eine gewisse andere Bedeutung verbunden wird als dem Wortsinn entspricht".[4]) Dies ist auch der Sinn der Begründung, mit der die Benutzung der Angabe „Sossidi frères de Constantinople" auf Zigaretten untersagt wurde, obwohl die Firmeninhaber ihre Abstammung aus Konstantinopel dartun konnten. Mit Recht nahm das RG an, das Publikum verstehe unter Zigaretten, die unter der genannten Bezeichnung angekündigt würden, solche die in Konstantinopel hergestellt seien. Den grammatikalischen Unterschied zwischen den Worten à und de Constantinople sich zu vergegenwärtigen, sei das

[1]) RG in MW XXIII S. 137.
[2]) MW XV S. 166.
[3]) RG in MW XXV S. 241.
[4]) RG in MW XI S. 535.

kaufende Publikum nicht gehalten. Die gleichen Grundsätze wurden angewandt gegenüber einer Thüringer Firma, die aus in Solingen verfertigtem Stahl Schneidwaren hergestellt und mit der Angabe „Garantie Solinger Stahl“ versehen hatte. Das Berufungsgericht folgerte mit Billigung des RG aus der Tatsache, daß nicht oder nicht in erster Linie die Eigenart des in Solingen erzeugten Stahles die Güte der Schneidwaren ausmacht, daß der Durchschnittsverbraucher durch den Aufschlag „Garantie Solinger Stahl“ auch dann getäuscht werde, wenn er irrtümlich die Herkunft des Stahles aus Solingen für wesentlich halte und das betr. Messer tatsächlich aus Solinger Rohstahl hergestellt sei.[1]) Einen Schlüssel zum Verständnis solch „abstrakt richtiger“ Angaben liefert häufig nicht der Wortsinn der Ankündigung sondern die Frage nach dem Zweck, den der Gewerbebetreibende bei der Wahl gerade dieser Bezeichnung im Auge hat. Dabei wird sich häufig genug feststellen lassen, daß der Zweck nicht der sein konnte, das abstrakt Wahre erkennen zu lassen.

f) Geographische Herkunftsangaben werden auch häufig in Firmenbezeichnungen mißbraucht. Daß der Gebrauch einer Firmenbezeichnung zu den „unrichtigen Angaben“ der §§ 3, 4 UWG gehört, ist nicht zweifelhaft[2]) und daß beim Vorliegen der übrigen Voraussetzungen der §§ 3 und 4 UWG die dort angegebenen Rechtsfolgen eintreten können, ist in der Rechtsprechung des RG anerkannt.[3]) So sind z. B. folgende Firmenbezeichnungen für unzulässig erklärt worden: „Pilsener Brauhaus G.m.b.H. zu Berlin“[4]), „Braunschweiger Wurst- und Fleischwarenfabrik N. N. & Co. G.m.b.H.“ für eine Firma in Hildesheim,[5]) „Original Nordhäuser Kautabakfabrik“ für eine Firma in Siegburg[6]). Das Vorbringen, eine Täuschung über den wahren Sitz der Firma könne nicht eintreten, da regelmäßig der eigentliche Sitz in Geschäftspapieren usw. deutlich angegeben sei, wurde in allen Fällen mit der Begründung zurückgewiesen, das mit Bezug auf die genannten Waren altgewohnte Kennwort („Pilsener“, „Braunschweiger“, „Nordhäuser“) überwiege in der Auffassung des Verkehrs so stark, daß demgegenüber die Angabe des wahren Firmensitzes nicht hervortrete. Klage auf Löschung solcher Firmen kann auf Grund des § 37,2 HGB in

---

[1]) RG in MW XXIV S. 7.
[2]) Rosenthal S. 195.
[3]) RG in MW XV S. 167.
[4]) RG in MW IX S. 160.
[5]) RG in MW XV S. 167.
[6]) RG in MW XXIII S. 136.

Verbindung mit § 18,2 HGB erfolgen. Ja, die Eintragung einer solchen Firmenbezeichnung sollte schon auf Grund des § 18,2 HGB vom Registerrichter zurückgewiesen werden, da sie dem Grundsatz der Firmenwahrheit widerspricht.[1])

g) Eine mißbräuchliche Herkunftsbezeichnung kann auch in der Verwendung einer fremdsprachigen Warenbezeichnung oder Warenausstattung liegen. Bei der engen Verflechtung der nationalen Wirtschaft mit der Weltwirtschaft kann jedoch in der Regel die Benutzung einer fremden Sprache allein noch nicht die Annahme des Vorliegens einer unrichtigen Herkunftsangabe rechtfertigen. Ein großer Teil aller Erzeugnisse – namentlich solche industrieller Art – ist für die Ausfuhr bestimmt und muß sich deshalb in seiner Kennzeichnung fremder Sprachen bedienen. Mit Recht hat deshalb das Patentamt[2]) die Angabe „Hollow Ground – Superior Razor" nicht als Hinweis darauf angesehen, die so bezeichnete Ware stamme aus England; denn es ist bekannt, daß die deutsche Schneidwarenindustrie den überwiegenden Teil ihrer Produktion ausführt und auch der englischen Industrie nicht unterlegen ist, sodaß niemand in der englischen Bezeichnung eine Angabe erblickt, die den Anschein eines besonders günstigen Angebotes hervorzurufen geeignet wäre. Anders dagegen ist der Fall zu beurteilen, in dem eine Berliner Firma die von ihr hergestellen Liköre als „Steenwyk" bezeichnete. Der Umstand, daß dieser Name in einer Druckart auf den Flaschenschildern angebracht war, wie sie für unzweifelhaft holländische Liköre üblich ist, führte zu der richtigen Feststellung des RG[3]), daß das Wort geeignet sei, in dem nicht ganz genau prüfenden Leser die Vorstellung zu erwecken, es handele sich um ein aus Holland stammendes Erzeugnis, dessen Herkunftsort Steenwyk sei, gleichgültig ob es dem Durchschnittsverbraucher bekannt sei, daß es einen holländischen Ort dieses Namens gäbe; denn an die beiden im 16. und 17. Jahrhundert lebenden niederländischen Maler Hendrik Steenwyk denke das deutsche Publikum umso weniger, als ihm beide wenig bekannt seien. Mit Rücksicht auf die Vorliebe, deren sich holländische Liköre in Deutschland erfreuten, sei die Angabe Steenwyk in ihrer besonderen Erscheinungsform geeignet, den Anschein eines besonders günstigen Angebotes zu erwecken.

[1]) Vergl. auch Bondi in GR XXI S. 146 f.
[2]) MW IX, S. 351.
[3]) RG in JW 1925 S. 2457.

Der Gebrauch einer fremden Sprache kann in der Regel nur dann als unrichtige Herkunftsangabe angesehen werden, wenn auch aus der besonderen Verwendungsart und den übrigen Umständen auf den Gebrauch als Herkunftsangabe geschlossen werden kann oder muß.

h) Besonderes Interesse beanspruchen diejenigen unrichtigen Herkunftsangaben, in denen einer – unrechtmäßig verwandten – wettbewerblich bedeutsamen Herkunftsangabe der wahre Ursprungsort in adjektivischer Form beigefügt wird, z.B. „Radeberger Pilsner", „Bautzener Münchener", „belgische Champagnerkreide". Die Frage, ob in derartigen Wortverbindungen unzulässige Herkunftsangaben zu erblicken sind, wurde namentlich in Bezug auf die umfangreiche Verwendung des Wortes „Pilsner" in Deutschland akut. Das Reichsgericht ist hier Wege gegangen, die von seiner sonst in der Regel erfreulich strengen Auffassung in der Beurteilung unlauteren Wettbewerbs mit geographischen Herkunftsangaben abweichen. Das Kammergericht und das Patentamt haben sich der Auffassung des Reichsgerichts nicht angeschlossen. Das wissenschaftliche Schrifttum[1]) hat fast ohne Ausnahme die in Betracht kommenden höchstgerichtlichen Entscheidungen immer wieder auf das Schärfste verurteilt. Mit Rücksicht darauf, daß gerade dieser Ausschnitt des vorliegenden Themas eine so eingehende Würdigung erfahren hat, soll hier das Problem nur kurz in seinen Grundzügen nachgezeichnet werden.

Ausgehend von dem Satze, „die Verwendung von Worten wie „Pilsner" oder „Münchener" sei bei der Bezeichnung nicht aus Pilsen oder München stammenden Bieres dann zulässig, wenn durch Zusätze, insbesondere durch die deutliche Angabe der Braustätte, in einer jeden Zweifel ausschließenden Weise klargestellt sei, daß mit dem Wort „Pilsener" oder „Münchener" nur eine Beschaffenheitsangabe, nur die Angabe gemacht werde, daß das Bier „nach Pilsener Art", „nach Münchener Art" gebraut sei"[2]), hat das Reichsgericht in einer großen Zahl von Fällen unter besonderer Berücksichtigung der lokalen Verhältnisse in dem in Betracht kommenden Absatzgebiet geprüft, ob durch den jeweils gewählten Zusatz die „Entlokalisierung" der echten Herkunfts-

[1]) Kohler S. 189, Wassermann S. 55 ff, Seligsohn MW XIII, 307, Dunkhase MW XV, 115, Rosenthal Leipz. Z. XIV, 345, Kommentar S. 228, Osterrieth GR XV, 57, Lobe MW XVI, 129, Finger MW XVII, 74, Becker GR XXVII, 122, Callmann XXXII, 649, Hayn GR XXXII, 777, Lange GR XXXII, 861.

[2]) RC in MW XI S. 427.

angabe „in einer jeden Zweifel ausschließenden Weise“ erfolgt sei. Zu einer Bejahung dieser Frage kam es u. a. bezüglich folgender Bezeichnungen „Radeberger Pilsener“[1]), „Deutsch Pilsener“[2]), „Pilsator“[3]), „Tinzer Pilsener“[4]), „Reisewitzer Pilsener“[5]), „Wicküler Elberfelder Pilsener“[6]), „Bautzener Münchener“[7]). Zu einer Verneinung in folgenden Fällen „Germania Pilsener“[8]), „Sternpils“[9]), „Dresdner Waldschlößchen Kulmbacher“[10]). Schon ein Vergleich der zugelassenen mit den nicht zugelassenen Bezeichnungen zeigt, daß die auf Grund der Sachlage der einzelnen Fälle erfolgte Prüfung zu einer in ihrer Unübersichtlichkeit dem Verkehr schädlichen Systemlosigkeit führen muß. Zur ablehnenden Kritik gibt aber namentlich der oben angeführte Grundsatz, auf dem die höchstgerichtliche Rechtsprechung auf diesem Gebiet fußt, Veranlassung. Es sei auf die Ausführung zu c und d dieses Abschnittes verwiesen, die hier sinngemäß Anwendung finden. Zuzustimmen ist dem Kammergericht[11]), wenn es erklärt, bedeute Pilsener Bier nichts anderes als Bier aus Pilsen, so könne hieran nichts dadurch geändert werden, daß dem Wort Pilsen – nach – oder vorgestellt – ein zweiter Ortsname in adjektivischer Form beigefügt werde; denn ein Bier könne nicht zwei Herkunftsorte haben: Das Bier aus Pilsen könne nicht zugleich aus Radeberg sein. Die Hinzufügung einer zweiten Herkunftsangabe sei ein begriffliches und logisches Unding. Sie sei nicht geeignet, Verwechslungen zu verhüten, sondern sie könne nur zu erhöhter Irreführung im Verkehr Anlaß geben. Zum mindesten könne davon, daß die Hinzufügung des Wortes Radeberg jeden Zweifel über die Herkunft des Bieres aus Radeberg ausschlösse, gar keine Rede sein; denn das Publikum, gewöhnt, in der Bezeichnung „Pilsener“ ein in Pilsen selbst gebrautes Bier zu verstehen, werde auch bei der Zusammenstellung „Radeberger Pilsener“ in dem Schlagwort „Pilsen“ immer die Hauptsache sehen und es werde die weitere Ortsangabe entweder garnicht beachten, ihr keinerlei Bedeutung beimessen, oder es werde annehmen, daß es sich um eine dem Vertrieb dienende Zweigniederlassung oder dergl. handele. Das Patentamt[12]) hat Eintragungen der vom Reichsgericht gebilligten oben genannten Bierbezeichnungen

---

1) MW XI S. 427.
2) MW XII S. 330.
3) MW XIII S. 102.
4) MW XIII S. 106.
5) MW XIV S. 226.
6) MW XIV S. 227.
7) J. W. 1924, S. 692.
8) MW XII S. 645.
9) MW XIII S. 266.
10) MW XXIII S. 151.
11) MW XI S. 93.
12) MW XIII S. 272 ff.

abgelehnt mit der Begründung, für das Patentamt könnten bei Würdigung der Frage, ob ein Zeichen eingetragen werden soll oder nicht, lokale Verhältnisse oder Anschauungen in jener Beschränkung keine Rolle spielen, da es garnicht in der Lage sei, bereits bei der Eintragung zu übersehen, ob das Zeichen nur in einem oder in mehreren bezw. welchen Absatzgebieten Verwendung finden werde und da es noch viel weniger imstande sei, die in den einzelnen Absatzgebieten herrschenden Verkehrsanschauungen ohne weiteres festzustellen. Am Schluß seines sehr eingehenden ablehnenden Beschlußes weist das Patentamt auf den wettbewerbrechtlich besonders wichtigen Umstand hin, daß die Eintragung des Wortes „Pilsener", das zweifellos keine Gattungsbezeichnung sei, zur Folge haben würde, daß es alsbald zu einer solchen werde, da auch anderen Brauereien die Eintragung einer gleichen Bezeichnung fortan nicht mehr versagt werden könne. Das Patentamt trage aber Bedenken einen solchen Entwicklungsgang zu beschleunigen.[1])

Zu welch unheilvoller Entwicklung die Rechtsprechung des Reichsgerichts in den „Bier-"Urteilen führen kann, beweist ein Urteil des OLG Hamm[2]), in dem die Anpreisung „belgische Champagne Kreide" für in Belgien gewonnene Kreide als zulässig erklärt wird. Es wird in dem Urteil zunächst festgestellt, unter „Champagne Kreide" sei nach der ursprünglichen Bedeutung des Wortes nur Kreide zu verstehen, die aus der französischen Champagne stamme. Die Bezeichnung sei also Herkunftsangabe. Da aber die französische Champagnekreide sich wegen ihrer weichen und reinen Beschaffenheit im Handel eines besonders guten Rufes erfreue, so liege in der Bezeichnung „Champagnekreide" zugleich eine Beschaffenheitsangabe. „Dadurch aber, daß der Bezeichnung der Ware als „Champagnekreide" das Wort „belgische" vorangesetzt wird, kommt unzweideutig zum Ausdruck, daß die Kreide aus Belgien stammt, danach nicht aus der französischen Champagne herstammen kann. So verliert demnach die Bezeichnung „Champagnekreide" durch den Zusatz „belgische" einen Teil ihrer ursprünglichen Bedeutung, nämlich soweit

---

[1]) Es ist versucht worden, diejenigen, die sich gegen die Rechtsprechung des RG in den Pilsen-Urteilen ausgesprochen haben, eines nicht nationalen Eintretens „für die Tschechen" zu zeihen. Demgegenüber muß mit aller Schärfe darauf verwiesen werden, daß es sich hier um eine rein rechtliche Frage handelt, die von gleicher Bedeutung für alle anderen Herkunftsangaben ist oder werden kann und daß ein unnationales Verhalten höchstens dort gesucht werden könnte, wo man keine Scheu trägt, ein deutsches Erzeugnis finanziellen Vorteils wegen mit fremden Namen zu versehen.

[2]) MW XII S. 161.

sie im Widerspruch steht mit der adjektivischen Ortsbezeichnung, die auf den Gewinnungsort, nämlich Belgien verweist. Die Bezeichnung „Champagnekreide“ behält aber ihre ursprüngliche Bedeutung insoweit bei, als dieselbe durch das adjektivische Beiwort nicht abgeändert wird, nämlich insoweit der Ausdruck zugleich eine Beschaffenheitsangabe enthält". Das Urteil verkennt in dieser ganz unbefriedigenden Zergliederung „Herkunftsangabe – Gattungsbezeichnung“ vollständig das Wesen rechtlich schutzwürdiger Herkunftsangaben, wie es im Abschnitt I A näher erläutert ist. Es zerreißt die organisch ineinander verwachsenen Teile statt sie in ihrer gegenseitigen, notwendigen Abhängigkeit zu erkennen. Mit den Argumenten des Oberlandesgerichts Hamm kann fast jeder Mißbrauch wettbewerblich bedeutsamer Herkunftsangaben zu einem lauteren Gebrauch gestempelt werden.

VI. Die mißbräuchliche Benutzung geographischer Herkunftsangaben durch formal Berechtigte.

Die bisher besprochenen Formen mißbräuchlicher Benutzung geographischer Herkunftsangaben betrafen ausschließlich solche Fälle, in denen die in Betracht kommenden Waren entweder garnicht oder nicht in ihren wettbewerblich bedeutsamen Produktionsstufen in dem angegebenen Herkunftsort gewonnen oder hergestellt worden waren. Es bleibt noch die Frage zu klären, ob eine geographische Herkunftsangabe auch in Bezug auf solche Waren mißbraucht werden kann, die an dem angegebenen Ort gewonnen bezw. hergestellt worden sind.

Es ist nicht zu verhindern, daß an einem Orte, der für die Herstellung einer bestimmten Ware wegen deren Güte besonderen Ruf genießt, auch Waren der gleichen Art erzeugt werden, deren Beschaffenheit diesen Ruf in keiner Weise rechtfertigt. Diese minderwertigen Erzeugnisse werden regelmäßig mit dem Namen des bekannten Herkunftsortes versehen und bilden so eine überaus große Gefahr für das Fortbestehen seines guten Rufes. Der Einfluß der schlechten Ware kann namentlich in Wirtschaftskrisen so groß werden, daß das dadurch hervorgerufene Mißtrauen der Abnehmer gegenüber jeder aus diesem Orte stammenden Ware der gleichen Gattung, den Bestand des ganzen Industriezweiges bedroht.

Dieses die Praxis sehr bewegende Problem hat die Theorie bisher kaum beschäftigt. Magnus[1]) schneidet die Frage kurz an, ohne sie zu beantworten. „Hier versagt unser bisheriges Recht, unser bisheriger Sprachgebrauch! und nach dieser Richtung Kautelen zu schaffen, wird eine nicht unwichtige Aufgabe der Gesetzgebung sein". Niebour[2]) sagt bei ähnlicher Fragestellung: „Wird durch Gebrauch oder gar durch Gesetz bestimmt, daß Kognak oder Steinhäger ein bestimmter Branntwein, Kamembert ein bestimmter Käse ist, so kann diese Bestimmung doch ersichtlich nicht gelten für die Bewohner Cognacs, Steinhagens, Camemberts. Was diese fabrizieren bleibt Kognak, Steinhäger, Kamembert, auch wenn es die gesetzlich festgestellten Bestimmungen über die Herstellung des Branntweins, über den Fettgehalt des Käses nicht erfüllt. Vorschriften über die Beschaffenheit der Waren, die Herkunftsbezeichnungen tragen, können nur solchen Personen gemacht werden, die diese Waren nicht in der betreffenden Stadt fabrizieren und nicht aus dieser Stadt beziehen"[3].)

Diese Anschauung von der unbegrenzten Berechtigung der Benutzung geographischer Herkunftsangaben durch Ortsangesessene beruht m. E. auf einer Ueberbetonung formalen Rechtes. Es ist oben (S. 27) ausgeführt worden, die Ausübung natürlicher freier Betätigung, als die sich der Gebrauch geographischer Herkunftsangaben darstellt, finde ihre Grenzen dort, wo in einer gegen die guten Sitten verstoßenden Weise die Freiheit der gewerblichen Betätigung des Mitbewerbers verletzt werde. Die in diesem Abschnitt gestellte spezielle Frage würde demnach dahin lauten, ob der Gebrauch richtiger Herkunftsangaben unter gewissen Voraussetzungen sich als eine unlautere Beeinträchtigung der Freiheit der gewerblichen Tätigkeit der Mitbewerber darstellen kann. „Der Wahrheit entsprechende Behauptungen sind durchweg gestattet. Es gibt ein Wahrheitsrecht in dem Sinne, daß solche Wahrheit, wenn nicht ein ganz schikanöser Gebrauch damit gemacht wird, die tatsächlich richtige Angabe auch zum Zweck scharfen Wettbewerbs in weitem Maße rechtfertigt".[4]) Gegenstand dieses „Wahrheitsrechtes" kann aber in einer von gesunder Ethik getragenen Rechtsordnung nicht das formell Richtige,

[1]) Protokoll S. 14.
[2]) MW XIX S. 21.
[3]) Auf die Stellungnahme Rosenthals in der VI. Aufl. seines Komentars wird später eingegangen werden.
[4]) Elster S. 258.

sondern nur die „wirkliche Wahrheit“, die „Wahrhaftigkeit“ sein. Dieser Grundsatz ist auch von der Rechtsprechung anerkannt worden: „Nach der Rechtsprechung des Reichsgerichts kann nämlich auch derjenige, der von einem ihm formell zustehenden Rechte Gebrauch macht, sich hierdurch einer unlauteren Handlung im Sinne des § 826 BGB dann schuldig machen, wenn die Ausübung dieses formalen Rechtes in einer gegen die guten Sitten verstoßenden, namentlich illoyalen Weise darauf gerichtet ist, einem anderen Schaden zuzufügen und dieser andere hierdurch auch geschädigt wird“.[1]) Der Gebrauch einer wettbewerblich bedeutsamen Herkunftsangabe auf Schundware stellt aber in doppelter Hinsicht eine Verletzung der guten Sitten dar. Er bedeutet einmal eine Irreführung insofern, als die durch jede derartige Bezeichnung im Verkehr entstehende Vorstellung von der besonderen Warenbeschaffenheit auf Waren gelenkt wird, die diese Beschaffenheit nicht haben. Zum anderen ist er charakterisiert als eine Form der Ausbeutung fremder Arbeitsergebnisse insofern als er den Ruf der bekannten Herkunftsangabe zum Hinweis auf eine Schundware ohne innere Berechtigung ausnutzt. Nach der Rechtsprechung des RG kann es – wie schon mehrfach erwähnt wurde – nicht nur auf den Wortsinn einer Ankündigung ankommen, sondern es ist entscheidendes Gewicht auch auf den Sinn und den Zweck zu legen, den der Gewerbebetreibende bei der Ankündigung im Auge hat und namentlich auch darauf, wie die Ankündigung von den Kreisen des Publikums, an die sie gerichtet ist, verkehrsüblicherweise verstanden wird.[2]) Der Sinn und der Zweck der Benutzung einer bekannten Herkunftsangabe auf minderwertigen Waren ist aber nicht der, die einfache Tatsache von der Herkunft der Ware darzutun, denn die ist dem Käufer gleichgültig, sofern er aus ihr nicht auf die Beschaffenheit Rückschlüsse ziehen kann – sondern vielmehr über die Beschaffenheit zum Kauf anreizende Vorstellungen zu erwecken. Das Publikum seinerseits versteht diese Angaben auch regelmäßig in dem dem Motiv der Benutzung entsprechenden Sinne. Es ist deshalb dem RG durchaus zuzustimmen, wenn es in der soeben zitierten Entscheidung sagt: Auch gegen den Grundsatz, daß bei der Würdigung einer Ankündigung nicht außer Betracht gelassen werden dürfe, was der Ankündigende stillschweigend voraussetze (bei der Nennung einer Herkunftsangabe die

[1]) RG in MW IX S. 90.
[2]) RG in MW XI S. 535.

Beziehung zur Beschaffenheit), verstoße das Berufungsgericht, wenn es annnehme, in der bloßen Angabe „bei Mariaschein liegend" sei eine Angabe über die Güte der Kohle im Verhältnis zu den übrigen in der Umgegend von Mariaschein geförderten Kohlen überhaupt nicht zu finden. Vielmehr hätte geprüft werden müssen, ob unter den besonderen vom Berufungsgericht als wahr unterstellten Umständen – daß die unter dem Namen „Mariascheiner Kohle" von den Klägerinnen vertriebene Kohle sich als solche einen guten Ruf verschafft habe, die Kohle der Beklagten aber nicht so gut sei – nicht schon der bloße Hinweis auf Mariaschein bezweckt habe und geeignet gewesen sei, den Anschein hervorzurufen, daß die Kohle der Beklagten von der bekannten Güte der Mariascheiner Kohlen sei. Rosenthal[1]) sagt: „Nutzt ein in Solingen ansässiger Verfertiger minderwertiger Erzeugnisse diesen Ruf (den Weltruf der Solinger Schneidwarenindustrie) aus, indem er von dem guten Klang des Wortes „Solingen" ohne sachliche (innere) Berechtigung Nutzen zieht, dann ist ein solches Tun selbst dann verbietbar, wenn die Angabe abstrakt der Wahrheit entspricht". „Nicht die formale Berechtigung entscheidet sondern der materielle Gehalt der in Frage stehenden Handlung. Diese ist als Wettbewerbshandlung unlauter. Würde man zu einem anderen Ergebnis gelangen, dann müßte man billigen, daß Verfertiger von Schundwaren, die sich in Solingen niederlassen, allmählich den internationalen Ruf der Solinger Stahlwaren herunterwirtschaften und damit schließlich das in dem Wort „Solingen" verkörperte Kapital vernichten: Ein wirtschaftlich und rechtlich sinnwidriges Ergebnis". Auch hier wird das Kriterium der unlauteren Handlung vorwiegend wie in der RG Entscheidung und den obigen Ausführungen in der in dem Hinweis auf den wettbewerblich bedeutsamen Herkunftsort liegenden Ausbeutung fremder Arbeitsergebnisse erblickt.

Die Möglichkeit, die Benutzung der an sich richtigen Herkunftsangabe in solchen Fällen zu untersagen, ist m. E. jedoch nicht unbegrenzt. Sie findet ihre Grenzen vielmehr da, wo der Ortsname nicht ausschließlich in seiner Eigenschaft als wettbewerblich bedeutsame Herkunftsangabe sondern schlechthin als Sitz der Erzeugerfirma benutzt wird. Ein Mißbrauch kann also immer in solchen Fällen vermutet werden, in denen die Herkunftsangabe isoliert oder als Schlagwort gebraucht wird, während Zweifel entstehen

[1]) a. a. O. S. 130.

können, wenn sie in Verbindung mit der eingetragenen Firma ohne besondere Hervorhebung erscheint. Hier wird entscheidend sein, ob der Gebrauch notwendig ist – etwa infolge der Einfuhrbestimmungen gewisser Länder – oder aber ob ein Grund, Firma und Firmensitz anzugeben, in dem betreffenden Falle vernünftigerweise nicht gefunden werden kann. Die Beurteilung dieser Frage wird zumeist aus dem Handelsbrauch bezüglich der in Betracht kommenden Ware, dem Absatzgebiet und sonstigen Umständen abgeleitet werden müssen.

C. Schluß.

Die Möglichkeiten einer Verstärkung des Schutzes geographischer Herkunftsangaben.

Die bisherigen Ausführungen zeigen, daß die derzeitige Gestaltung des Rechtsschutzes geographischer Herkunftsangaben im wesentlichen folgende Probleme aufgibt:

1. Wie kann der Gefahr einer Verwässerung von Herkunftsangaben vorgebeugt werden?
2. Welches ist der rechtlich bedeutsame Herkunftsort einer Ware?
3. Welche rechtliche Wirkung ist der Benutzung von Zusätzen zu Herkunftsangaben beizumessen?
4. Wie kann dem Mißbrauch durch formal Berechtigte begegnet werden?

a) Der Gefahr einer Verwässerung von Herkunftsangaben zu Beschaffenheitsangaben könnte gesetzgeberisch zweifellos dadurch am gründlichsten vorgebeugt werden, daß durch Gesetz die Forderung absoluter Wahrheit geographischer Herkunftsangaben aufgestellt und demnach die Benutzung einer unrichtigen Herkunftsangabe in jedem Falle als unlauter untersagt würde. Eine solche Regelung würde aber dem in Abschnitt I A entwickelten Grundsatz des Wettbewerbsrechtes – Schutz gegen unrichtige Angaben mit Rücksicht auf die Wirkung, die sie im Verkehr ausüben können – und den tatsächlichen Verhältnissen nicht gerecht werden. Im Abschnitt I B ist gezeigt worden, daß es zahlreiche Warennamen gibt, die ursprünglich die geographische Herkunft kennzeichneten, denen aber heute diese Bestimmung nicht mehr innewohnt und nicht mehr beigelegt wird. Da durch den Gebrauch solcher Bezeichnungen weder öffentliche noch private Interessen verletzt werden, liegt kein Anlaß vor, sie zum Gegenstand des Rechtsschutzes zu machen. Dies gilt ebenso für Warennamen, deren Entwicklung zur Gattungsbezeichnung schon abgeschlossen ist, wie für solche, die sich, einem Verkehrsbedürfnis folgend, zukünftig noch dahin entwickeln werden, ohne daß diesem Prozeß von Seiten der mittelbar oder unmittelbar Beteiligten Hindernisse bereitet würden. Aufgabe der Gesetzgebung ist es nicht, solche Entwicklung entgegen den Interessen der Beteiligten und der Verkehrsanschauung zu unterbinden, sondern vielmehr Normen zu geben, die gestatten, etwa vorhandenes Schutzinteresse zur Geltung zu bringen. Die Gesetzgebung muß also in den Fällen, in denen widerstreitende Anschauungen über den Charakter eines geographischen Warennamens vorliegen, die zur Entscheidung dieses Widerstreites geeigneten Mittel zur Verfügung stellen. Da es aber bei der unbegrenzten Fülle der in Betracht kommenden Bezeichnungen nicht möglich ist, daß sich das Gesetz über den Einzelfall äußert, muß es Bestimmungen treffen, deren Inhalt möglichst auf alle denkbaren Erscheinungsformen Anwendung finden kann. Insofern müssen diese Normen von großer Dehnbarkeit sein. Anderseits aber muß der Tatbestand so scharf formuliert sein, daß er einer Auslegung nicht zu weiten Spielraum gibt, wodurch Widersprüche in die Rechtsprechung und Unsicherheit in den Verkehr getragen würden. Die Erfahrung lehrt, daß die dem Rechtsschutz geographischer Herkunftsbezeichnungen dienenden deutschen Gesetzesbestimmungen diesen Anforderungen nicht genügen. Andernfalls wäre eine so tiefgehende Divergenz in den Urteilen verschiedener Gerichte über den Charakter gewisser Warennamen, wie sie in den bisherigen Ausführungen verschiedentlich aufgezeigt wurde und die täglich zu beobachtende Unsicherheit des Verkehrs gegenüber dieser Frage nicht in solchem Maße möglich. Die in § 16,2 WZG und § 5 UWG gewählte Fassung, daß nicht unter den gesetzlichen Schutz diejenigen Namen fallen, die nach Handelsbrauch (im geschäftlichen Verkehr) zur Benennung gewisser Waren (oder gewerblicher Leistungen) dienen, ohne deren Herkunft bezeichnen zu sollen, ist so unbestimmt, daß sie eher geeignet ist, etwaige Unklarheiten zu fördern und zu vermehren als sie auszuräumen. Ihr fehlt namentlich eine Bestimmung materiellen Gehaltes darüber, wann Warennamen geographischen Charakters nicht mehr die Herkunft bezeichnen sollen. In Übereinstimmung mit den in Abschnitt I B S. 15 ff. gemachten Ausführungen müßte durch eine solche Bestimmung ein möglichst strenger Maßstab für die Beurteilung der Frage, wann die Entwicklung einer Herkunftsangabe zur Gattungsbezeichnung abgeschlossen ist, gegeben werden. Ein solcher Maßstab könnte z. B. in der in dem S. 16 schon erwähnten Osterrieth – Rosenthal'schen Gesetzesvorschlag enthaltenen Formulierung „wenn die Erinnerung an die ursprüngliche Herkunft der Ware aus dem Ort, den die Bezeichnung angibt, im Verkehr erloschen ist", erblickt werden. Sowohl der Rechtsprechung wie dem Verkehr wäre durch ein Wort von so eindeutigem Gehalt wie „erloschen" ein sehr brauchbares Mittel zur Beurteilung des Charakters einer Warenbezeichnung gegeben.

Um für eine große Zahl von geographischen Warennamen jede Unklarheit über ihren rechtlichen Charakter zu beheben, hat der Handelsvertragsverein[1]) im Jahre 1912 die Aufstellung amtlicher Listen angeregt, in die die Namen eingetragen werden sollen, über deren Charakter Zweifel nicht bestehen. Eine solche Liste soll sowohl dem Verkehr in Zweifelsfällen Auskunft geben, wie den Gerichten eine Grundlage für die Entscheidung von Rechtsstreitigkeiten bieten. Daß die in der Liste getroffenen Feststellungen für die Gerichte bindend sein sollen, ist nicht ausdrücklich gesagt, muß jedoch unterstellt werden, da andernfalls der Wert der Liste nur ein sehr begrenzter wäre. Es ist zweifellos, daß eine Liste der Herkunfts- und Gattungsangaben in zahlreichen Fällen gute Dienste tun würde, nämlich überall dort, wo die Benutzer geographischer Angaben ehrlich gewillt sind, nur freie Gattungsbezeichnungen zu gebrauchen. Von dieser Seite droht aber den echten Herkunftsangaben schon heute nur geringe Gefahr. Diejenigen aber, die skrupellos genug sind, unlauter zu handeln, werden sich auch durch eine Liste nicht davon abhalten lassen und werden es nach wie vor verstehen, neue Formen der Benutzung zu ersinnen, die ihnen eine Scheinberechtigung geben. Der Wert der Liste würde auch deshalb nur ein begrenzter sein können, weil ihr Inhalt nicht unabänderlich sein dürfte. Sie müßte Rücksicht nehmen auf das Entstehen, Dasein und Verfallen einer Herkunftsangabe, ebenso auf die Entwicklung und Rückentwicklung einer Gattungsbezeichnung. Damit wäre aber in die Liste selbst das Moment der Unsicherheit hineingetragen, das auszuräumen sie bestimmt wäre. Aus diesem Grunde könnte die Liste auch für die Rechtsprechnng m. E. nicht bindend sein, denn der Verkehr würde stets zu beweisen versuchen, ihr Inhalt entspreche nicht mehr der gegenwärtigen Verkehrsanschauung. Aber auch ein weiterer Grund schließt m. E. den die Rechtsprechung verpflichtenden Charakter aus: Art. 4 des Madrider Abkommens (vgl. Anhang) bestimmt nämlich, daß die Gerichte eines jeden Landes zu entscheiden haben, welche Benennungen als Gattungsbezeichnungen anzusehen sind. Diesen vorbehaltlos angenommenen Artikel[2]) durch ein jüngeres Gesetz abzu-

[1]) Protokoll S. 26 und MW XIII S. 440.
[2]) RGBL. 1925 II S. 115.

ändern, verbietet die internationale Bindung. Bevor Deutschland Listen der genannten Art aufstellt, geben die soeben erörterten Schwierigkeiten jedenfalls Veranlassung, die Erfahrungen abzuwarten, die die Tschechoslowakei mit diesen auf Grund des § 6 Abs. 3 UWG vom 15. VII. 1927 z. Zt. in Ausarbeitung befindlichen Listen machen wird.

b) Einer Beschränkung des unlauteren Gebrauchs von Herkunftsangaben in einer häufig sehr schwer faßbaren Form würde zweifellos sehr förderlich sein, wenn der in Abschnitt III entwickelte Grundsatz, daß der Ort der Entstehung oder Herstellung der Ware in denjenigen Entstehungs- und Produktionsstufen, denen sie ihre sie von den übrigen Waren gleicher Art auszeichnende Beschaffenheit verdankt, ihr rechtlich erheblicher „Herkunftsort" oder „Ursprung" ist, auch im Gesetz Anerkennung fände.

c) Im Abschnitt V ist gezeigt worden, welche Schwierigkeiten durch die Verwendung von Zusätzen zu den geographischen Herkunftsangaben entstehen können. Die Ursache dieser Schwierigkeiten liegt nicht zuletzt darin, daß die gesetzlichen Bestimmungen nichts über die rechtliche Bedeutung der Zusätze besagen. Auch die Rechtsprechung kat keine einheitlichen straffen Richtlinien geschaffen, die geeignet wären, Unklarheiten auszuräumen. Es erscheint mir daher dringend geboten, bei einer Gesetzesreform die gerade auf diesem Gebiet in der Rechtsprechung und in der Praxis große Verwirrung dadurch zu klären, daß dem mehrfach erwähnten Osterrieth-Rosenthal'schen Gesetzesvorschlag (S. 16) der von den gleichen Verfassern herrührende Zusatz angefügt wird: „Der Gebrauch einer Herkunftsbezeichnung wird nicht dadurch zulässig, daß Zusätze beigefügt werden."

d) Das schwierige Problem des Mißbrauchs geographischer Herkunftsangaben durch formal Berechtigte bedarf m. E. jedoch noch weiterer Aufhellung über die theoretischen Prinzipien hinaus, bevor es Gegenstand einer gesetzgeberischen Reform werden könnte. Wenn man sich auch der logischen Schlüssigkeit und theoretischen Haltbarkeit der in Abschnitt VI entwickelten Ansicht nicht verschließen wird, so darf man doch bei der Beurteilung dieser Frage nie außer Acht lassen, daß hier zwei rechtlich begründete Interessensphären gegeneinander wirken, deren gegenseitige Berechtigung im Einzelfalle abzuwägen sehr schwierig sein wird. Außerdem aber birgt dieses Problem eine sehr große Zahl praktischer Schwierigkeiten. Es sei nur darauf hingewiesen, daß bei zahlreichen Warennamen die Grenze zwischen mittlerer und schlechter Qualität sehr fließend ist, daß es also schon aus diesem Grunde häufig schwer sein wird zu bestimmen, ob die Ware die Herkunftsangabe tragen darf oder nicht. Daß die als Kennzeichnung des Sitzes der Niederlassung der gleichzeitig angegebenen Firma benutzte Ortsangabe regelmäßig nicht beanstandet werden dürfte, ist schon S. 54 erwähnt. Auch hier wird es häufig garnicht möglich sein festzustellen, ob der Ortsname tatsächlich in seiner Eigenschaft als Firmensitz oder aber als bekannter Herkunftsort beliebter Waren benutzt wurde. Ein sehr ernstes Bedenken, das gegen die hemmungslose Anwendung der in Abschnitt VI theoretisch gewonnenen Erkenntnis ausgesprochen werden muß, liegt auf rechtspolitischem Gebiet: Eine übermäßige Betonnung der in einer rechtlich schutzwürdigen Herkunftsangabe enthaltenen Beschaffenheitsangabe würde zweifellos die Gefahr einer Verschiebung des Gleichgewichtes dieser beiden Faktoren heraufbeschwören, die über kurz oder lang zu einer Verwässerung der Herkunftsangabe zur Gattungsbezeichnung führen müßte. Der einer wertvollen Herkunftsangabe durch Benutzung auf Schundware entstehende Nachteil kann m. E. nur in Ausnahmefällen durch Inanspruchnahme des Gesetzes ausgeräumt werden. Um das Übel an der Wurzel zu fassen, sind wirtschaftliche, hier nicht näher zu besprechende, Maßnahmen anzuwenden.

D. Anhang.

Das Madrider Abkommen betr. die Unterdrückung falscher Herkunftsangaben.

a) Mit dem Anwachsen des internationalen Warenaustausches in der zweiten Hälfte des vorigen Jahrhunderts wurde auch das Bedürfnis wach, geographische Herkunftsangaben im Warenverkehr zwischenstaatlich zu schützen. Daher wurde in die "Pariser Verbandsübereinkunft vom 20. März 1883 zum Schutze des gewerblichen Eigentums" in Art. 10 die Bestimmung aufgenommen, jedes Erzeugnis unterliege bei der Einfuhr in eines der Verbandsländer der Beschlagnahme (oder ähnlichen Maßnahmen), sofern es als Bezeichnung der Herkunft fälschlich den Namen eines bestimmtes Ortes trage und wenn diese Bezeichnung einem erfundenen oder einem zum Zwecke der Täuschung entlehnten Handelsnamen beigefügt werde. Dieser bescheidene, durch den Nachsatz auf einen bedeutungslosen Rest verkümmerte Schutz genügte einer Reihe von Staaten nicht, die deshalb einige Jahre später einen engeren Verband schlossen, nämlich das „Madrider Abkommen betreffend die Unterdrückung der falschen Herkunftsangaben auf Waren, vom 14. April 1891".

Das sechs Artikel umfassende Abkommen bestimmt hauptsächlich, daß jedes eine falsche Herkunftsangabe tragende Erzeugnis bei der Einfuhr in eines der Abkommen-Länder zu beschlagnahmen sei, wenn in der falschen Angabe eines der vertragschließenden Länder oder ein darin belegener Ort unmittelbar oder mittelbar als Land oder als Ort des Ursprungs angegeben sei. Läßt die Gesetzgebung eines Landes die Beschlagnahme nicht zu, so tritt an deren Stelle das Verbot der Einfuhr oder eine andere Maßnahme.

Dieser strenge Grundsatz erfährt zwei Einschränkungen:

1. sind – mit Rücksicht auf die Notwendigkeit des Handels mit ausländischen Waren – die Verkäufer einer aus einem anderen Lande stammenden Ware nicht gehindert, ihren eigenen Namen und ihre Anschrift auf der eingeführten Ware anbringen zu lassen. In diesem Falle müssen sie jedoch den Ursprung der Ware außerdem deutlich kenntlich machen.

2. erkennt auch das Madrider Abkommen die Möglichkeit der Entstehung einer Gattungsbezeichnung aus einer Herkunftsangabe an. Die Entscheidung darüber, ob eine solche Entwicklung jeweils abgeschlossen ist, wird in Art. 4 den Gerichten eines jeden Landes überlassen. Hinsichtlich der Herkunftsangaben für Erzeugnisse des Weinbaues wird jedoch die Entwicklung zu Gattungsbezeichnungen ausgeschlossen (Art. 4 Satz 2). Die übrigen Artikel tragen organisatorischen Charakter.

b) Während Deutschland der Pariser Verbandsübereinkunft im Jahre 1903 beitrat, hat es dem Madrider Abkommen jahrzehntelang ferngestanden. Wenn die deutschen Vertreter der Internationalen Vereinigung für gewerblichen Rechtsschutz auch schon verhältnismäßig früh die grundsätzliche Bereitschaft des Reiches, dem Abkommen beizutreten, erklären konnten, so kam es vor dem Kriege jedoch nicht zu dem Beitritt, da die gegen Art. 4 Satz 2 des Abkommens bestehenden Bedenken deutscherseits lange Zeit nicht überwunden werden konnten[1]). Es wurde für unerträglich gehalten, daß die vermeintlichen Gattungsbezeichnungen „Champagner" und „Cognac" auf Grund dieser Bestimmung wieder zu geographischen Herkunftsangaben werden sollten, die der freien Verwendung für in Deutschland gewonnene Erzeugnisse gleicher Art entzogen sein sollten.

Diese wirtschaftliche und wissenschaftliche Streitfrage ist im Vertrage von Versailles zugunsten der französischen Auffassung entschieden worden. In Art. 275 F. V. verpflichtet sich nämlich Deutschland – allerdings unter der Bedingung der Gegenseitigkeit – die in einem alliierten oder assoziirten Lande geltenden Gesetze und die in Uebereinstimmung mit ihnen ergangenen Verwaltungs- und Gerichtsentscheidungen, wodurch das Recht auf eine Lagebezeichnung für die in dem betreffenden Lande erzeugten Weine oder geistigen Getränke geregelt wird, zu beobachten. An Gesetzen, die die Rechtsverhältnisse der Bezeichnungen „Champagner" und „Cognac" regeln, fehlt es aber in Frankreich nicht. Namentlich dient das Gesetz betreffend die Ursprungsbezeichnungen vom 6. Mai 1919 diesem Zweck. Nachdem auf solche Weise der einzige ernsthafte Grund, der Deutschlands Beitritt zum Madrider Abkommen bisher verhindert hatte, ausgeräumt worden war, lag es nahe, den Gedanken eines Beitritts

[1]) vergl. Jahrbuch I 260 ff, 312 ff, 434 ff, 471 ff; IV 226 ff, 310 ff; VI 51 ff, 157 ff, 165 ff; VIII 1, 251 ff, 2,110 ff, 279 ff, 290 ff, 292 ff; IX 161 ff, 170 ff, 225 ff; X 82 ff, 89 ff, 93 ff, 222 ff; XIV 129 ff, 138 ff, 246 ff.

wieder aufzugreifen. Der Deutsche Verein für den Schutz des gewerblichen Eigentums sprach sich demgemäß 1920 einstimmig für möglichst baldigen Beitritt Deutschlands aus[1]). Ihm folgte – gleichfals 1920 – der Deutsche Außenhandelsverein[2]) und 1923 die Deutsche Landesgruppe der Internationalen Vereinigung für gewerblichen Rechtsschutz[3]). Am 21. März 1925 nahm der Reichstag das Gesetz über den Beitritt des Reichs zu dem „Madrider Abkommen betr. Unterdrückung falscher Herkunftsangaben auf Waren“ an[4]). Der Beitritt ist mit dem 12. Juni 1925 wirksam geworden[5]).

Es ist notwendig festzustellen, welche Verhältnisse rechtlicher und tatsächlicher Natur durch den Beitritt des Reiches zum Madrider Abkommen geschaffen worden sind. Das Gesetz vom 21. März 1925 beschränkt sich nicht darauf, die Entschließung zum Beitritt zu erklären, sondern schreibt in seinem § 2 vor, daß Waren, die an sich selbst oder auf ihrer Aufmachung oder ihrer äußeren Verpackung irgendwelche Warenzeichen, Namen, Aufschriften oder sonstige Zeichen tragen, die unmittelbar oder mittelbar falsche Angaben über Ursprung, Gattung, Art oder charakteristische Eigenschaften dieser Ware darstellen, bei ihrer Einfuhr und Ausfuhr der Beschlagnahme zum Zwecke der Beseitigung der unrichtigen Angaben unterliegen. Diese in Anlehnung an Art. 274 F. V. geschaffene Bestimmung geht über das Verbot falscher Herkunftsangaben weit hinaus. Sie erstreckt sich vielmehr auch auf objektiv unrichtige Beschaffenheitsangaben. Von den in Art. 1 Madrider Abkommen genannten beiden Maßnahmen, die zur Unterdrückung falscher Herkunftsangaben wahlweise vorgeschrieben sind – Beschlagnahme oder Einfuhrverbot – wählt das Gesetz entsprechend § 17 WZG die Beschlagnahme, die durch die Zollbehörden und zwar von Amtswegen vorzunehmen ist. In dem Bestreben, allen auf die Bekämpfung unrichtiger Herkunftsangaben gerichteten Bestimmungen eine möglichst große Wirksamkeit zu geben, änderte der § 3 des Gesetzes vom 21. März 1925 die §§ 14 und 15 WZG (widerrechtliche Benutzung fremder Namen, Firmen, Warenzeichen) dahin ab, daß die Strafverfolgung fortan bei Vorliegen eines öffentlichen Interesses von Amtswegen zu erfolgen hat. Das gleiche

[1]) GR XXV S. 174.
[2]) MW XX S. 54 ff.
[3]) GR XXVIII S. 162.
[4]) RGBl. 1925 II S. 115.
[5]) RGBl. 1925 II S. 287.

trifft zu für die im Zusammenhang dieser Arbeit besonders interessierenden im § 4 UWG (absichtliche Irreführung über Ursprung, Beschaffenheit usw. einer Ware) bedrohten strafbaren Handlungen.

Die Grundsätze, die in Deutschland für die Unterdrückung falscher Herkunftsangaben maßgebend sind und die in den vorhergehenden Untersuchungen entwickelt wurden, sind weder durch das dem Beitritt zum Madrider Abkommen zustimmende Gesetz noch durch das Abkommen selbst geändert worden. Die oben behandelten der Unterdrückung unrichtiger Herkunftsangaben gewidmeten deutschen gesetzlichen Bestimmungen gewähren nicht nur das gleiche Maß von Schutz wie das Madrider Abkommen, sondern gehen in mehrfacher Beziehung noch darüber hinaus. Sie erstrecken sich im Gegensatz zu diesem auch auf nicht mit der Ware räumlich verbundene Ankündigungen z. B. in Zeitungen, Geschäftspapieren usw. Ferner gewähren sie außer dem Recht der Beschlagnahme (§ 17 WZG) die Möglichkeit einer Unterlassungsklage (§ 3 UWG), einstweiligen Verfügung (§ 25 UWG), einer Privatklage (§ 22 UWG) usw. Bei dieser Sachlage kann es nicht wundernehmen, daß die Frage aufgeworfen worden ist, ob denn Deutschland angesichts seiner hochentwickelten Rechtsprechung auf diesem Gebiet überhaupt ein Interesse an dem Beitritt habe. Mit Recht hat Wassermann[1]) diese Frage unter Hinweis darauf entschieden bejaht, daß die deutschen Erzeugnisse durch den Anschluß an das Madrider Abkommen einen Rechtsschutz auch in denjenigen Ländern gewinnen, die die Gegenseitigkeit gemäß Art. 275 F. V. nicht gewähren. Namentlich aber muß auch an die dem Art. 275 F. V. nicht zugehörigen industriellen Erzeugnisse gedacht werden, für die der Schutz der Herkunftsangaben von gleich großer Wichtigkeit ist wie für die in dem Art. 275 allein behandelten landwirtschaftlichen Produkte.

Nach dem vorher Gesagten ist es verständlich, daß durch den Beitritt des Reiches zum Madrider Abkommen die deutsche Rechtsprechung nicht Richtung ändernd beeinflußt worden ist.

c) Was das Abkommen selbst angeht, so kann nicht bezweifelt werden, daß es noch weitgehend auszubauen ist bevor es den Erfordernissen entspricht, die die Praxis billigerweise an es stellen muß. Vorläufig stellt es nur Richtlinien auf, die als Mindestforderungen angesehen werden müssen.

[1]) „Deutschland und das Madrider Abkommen betr. die Unterdrückung falscher Herkunftsbezeichnungen" in MW XXIV S. 21 ff.

Von den einzelnen Bestimmungen des Abkommens bedarf namentlich der Artikel 4 einer Aenderung. Es ist auf das Uebergewicht der Weinbau treibenden Länder bei der Abfassung des Abkommens zurückzuführen, daß im Satz 2 Art. 4 den Erzeugnissen des Weinbaus insofern eine Sonderstellung eingeräumt wird, als die geographischen Herkunftsbezeichnungen für die Erzeugnisse des Weinbaus nicht einbegeriffen sind in dem im Satz 1 Art. 4 ausgesprochenen Vorbehalt, daß die Gerichte eines jeden Landes zu entcheiden haben, welche Bezeichnungen gattungsgemäß sind und deswegen nicht unter die Schutzbestimmungen des Abkommens fallen. Diese übermäßige Betonung des Schutzes der Weinbezeichnungen drängt dem Abkommen zu seinem Nachteil den Charakter einer einseitigen Schutzbestimmung für Weinbauerzeugnisse auf. Eine Aenderung des Art. 4 ist daher mehrfach angestrebt worden. Die Deutsche Landesgruppe der Internationalen Vereinigung für gewerblichen Rechtsschutz hat sich 1923 dahin ausgesprochen, „daß eine geographische Herkunftsangabe, die für den Ruf einer Ware aus örtlichen oder sonstigen Gründen von Bedeutung ist, niemals zu einer Gattungsbezeichnung für eine solche Ware werden kann“.[1]) Die französische Regierung ging nicht so weit, wenn sie in der Haager Konferenz zur Revision der Pariser Konvention vorschlug, die bisher auf Erzeugnisse des Weinbaus beschränkte Bestimmung auf alle Erzeugnisse auszudehnen, „die ihre besonderen natürlichen Eigenschaften dem Boden oder dem Klima verdanken.[2]) Einige Verbandsländer, darunter namentlich Großbritannien, widersetzten sich aber dem Vorschlage, sodaß es vorläufig mit der alten Fassung sein Bewenden hat. Die an der Ausgestaltung des Madrider Abkommens in erster Linie interessierten Kreise lassen jedoch nicht ab, für eine Erweiterung des Abkommens gerade in dieser Hinsicht eintreten. Die Internationale Vereinigung für gewerblichen Rechtsschutz faßte demgemäß gelegentlich ihres letzten Kongresses im Mai 1928 folgenden Beschluß:[3]) „Der Kongreß bestätigt die vom Genfer Kongreß 1927 angenommene Resolution und legt besonderes Gewicht darauf, daß ein wirksamer Schutz gegen falsche Herkunftsbezeichnungen nicht nur bei Produkten gegeben werden sollte, welche ihren Ruf der Beschaffenheit des Bodens oder des Klimas verdanken, sondern auch bei allen übrigen Artikeln, bei welchen die geographische Herkunftsbezeichnung eine be-

[1]) GR XXVIII, S. 162.
[2]) Osterrieth II, S. 104.
[3]) GR XXXIII S. 586.

sondere Empfehlung guter Qualität bedeutet; die Regelung der Frage der richterlichen Zuständigkeit bleibt dabei vorbehalten".

Von besonderer Wichtigkeit ist auch die für die Haager Konferenz von der Regierung der Niederlande und dem Berner Büro vorgeschlagene Ergänzung des Art. 4, die dahin ging, daß die gesetzgeberischen Maßnahmen oder gerichtlichen Entscheidungen eines Landes bezüglich einer Herkunftsangabe für die übrigen vertragsschließenden Länder bindend sein sollen, vorausgesetzt, daß diese Maßnahmen oder Entscheidungen durch Vermittelung des Berner Büros bekannt gegeben sind.[1]) In dieser Form hätte diese Bestimmung jedoch zu unerträglichen Übergriffen in die wirtschaftlichen und rechtlichen Verhältnisse eines Vertragsstaates führen können. Auf der Züricher Tagung vom Jahre 1925 hielt es deshalb die Internationale Vereinigung sehr mit Recht für erforderlich, ausdrücklich hervorzuheben, daß jedes Land solche Feststellungen nur bezüglich seines Gebietes treffen dürfte.[2]) Die Erklärung solcher „Allgemein-Verbindlichkeit" bedeutet jedoch – auch wenn sich die Entscheidungen auf die Erzeugnisse des eigenen Landes beschränken – m. E. einen so weitgehenden Eingriff in die Unabhängigkeit der Gerichte eines jeden Landes, daß sie eine sicherlich nicht in Kürze erreichbare weitgehende Klärung der zahlreichen auf diesem Gebiete vorhandenen Zweifel zur Voraussetzung hat. Die Haager Konferenz hat auch diese vorgeschlagene Ergänzung nicht bei der Revision des Abkommens berücksichtigt.

Es ist sehr schwer zu beurteilen, in welchem Umfange geographische Herkunftsangaben mißbraucht würden, wenn das Madrider Abkommen nicht bestände. Man darf ihm sicherlich einen nützlichen Einfluß nicht absprechen. Aber andererseits muß festgestellt werden, daß nach wie vor wertvolle Herkunftsangaben ungehindert mißbraucht werden und zwar sowohl in Ländern, die dem Abkommen angehören, wie in solchen, die ihm noch fernstehen. Da einer Verwässerung von Herkunftsangaben wirksam nur vorgebeugt werden kann, wenn jeder Mißbrauch, wo immer er auch auftreten mag, von den Beteiligten verfolgt wird, wäre es jedenfalls von großem Werte, wenn dem Abkommen noch möglichst viele Länder beiträten, damit die Möglichkeit, Mißbräuche zu verfolgen, immer größer wird und damit die gefährlichen Inseln der Rechtlosigkeit, auf denen sich eine Verwässerung anbahnen kann, möglichst bald und vollständig verschwinden.

[1]) GR XXX Beilage zu Heft I S. 22.
[2]) GR XXX S. 220.

Literaturangabe.

I. Lehrbücher.

Elster = Dr. Alexander Elster, Gewerblicher Rechtsschutz, Berlin/Leipzig 1921.

Lobe = Dr. A. Lobe, Die Bekämpfung des unlauteren Wettbewerbs, I. Bd., Leipzig 1907.

Kohler = Josef Kohler, Der unlautere Wettbewerb, Berlin 1914.

M. M. Kohler = Dr. jur. Michael Kohler, Das Verbrechen des unlauteren Wettbewerbs, Breslau 1901.

Osterrieth I = Prof. Dr. A. Osterrieth, Lehrbuch des gewerblichen Rechtsschutzes, Leipzig 1908.

II. Monographien.

Jaton = Dr. Louis Jaton, La Repression des fausses Indications de Provenance et les Conventions internationales, Paris 1926.

Osterrieth II = Albert Osterrieth, Die Haager Konferenz 1925, Leipzig/Berlin 1926.

Protokoll = Geographische Herkunftsbezeichnungen im Warenverkehr, Stenographisches Protokoll der vom Handelsvertragsverein am 18. Oktober 1912 zu Berlin veranstalteten Sachverständigen-Konferenz, Berlin 1912.

Wassermann = Dr. Martin Wassermann, Die Behandlung des unlauteren Wettbewerbs im Friedensvertrag, Berlin/Leipzig 1920.

III. Kommentare.

a) Zum Warenzeichenrecht.

Allfeld = Prof. Dr. Ph. Allfeld, Kommentar zu den Gesetzen über das gewerbliche Urheberrecht, München 1904.

Finger	= Chr. Finger, Das Reichsgesetz zum Schutze der Warenbezeichnungen, III. Aufl., Berlin 1926.
Freund-Magnus	= Dr. G. S. Freund und Julius Magnus, Gesetz zum Schutz der Warenbezeichnungen, V. Aufl., Berlin 1909.
Hagens	= Dr. Alfred Hagens, Warenzeichenrecht, Berlin/Leipzig 1927.
Pinsger-Heinemann	= Dr. Werner Pinzger und Dr. Felix Heinemann, Das Deutsche Warenzeichenrecht, Berlin 1926.
Seligsohn	= Dr. Arnold Seligsohn, Gesetz zum Schutz der Warenbezeichnungen, III. Aufl., Berlin/Leipzig 1925.

b) Zum Wettbewerbsrecht.

Pinner-Elster	= Albert Pinner und Dr. Alexander Elster, Gesetz gegen den unlauteren Wettbewerb, VIII. Aufl., Berlin/Leipzig 1927.
Rosenthal	= Dr. Alfred Rosenthal, Wettbewerbsgesetz, VI. Aufl., Berlin 1927.

IV. Zeitschriften.

GR	= Gewerblicher Rechtsschutz und Urheberrecht, Zeitschrift des Deutschen Vereins für den Schutz des gewerblichen Eigentums, Herausgeber Patentanwalt Mintz, Berlin.
Jahrbuch	= Jahrbuch der Internationalen Vereinigung für gewerblichen Rechtsschutz, Berlin.
JW	= Juristische Wochenschrift, Herausgegeben vom Deutschen Anwaltverein, Leipzig.
MW	= Markenschutz und Wettbewerb, Monatszeitschrift für Marken-, Patent- und Wettbewerbsrecht, Herausgeber Prof. Dr. Martin Wassermann, Berlin.

Beispiele geographischer Herkunftsangaben, die sich auf in Deutschland gelegene Orte beziehen.

Aachener Nadeln
Aachener Printen
Aachener Salz
Aachener Sprudel
Aachener Tuche
Allersheimer Sandsteine
Ammerländer Fleischwaren
Angeliter Vieh
Annaberger Klöppeleien
Bacher Muschelkalk
Baden-Badener Pastillen
Baden-Badener Wasser
Bad Rothenfelder Mineralwasser
Bad Rothenfelder Salz
Baiersdorfer Meerrettich
Beiderseer Formsand
Berchtesgadener Holzschnitzereien
Bergsträßer Obst
Berliner Rollmops
Berliner Weiße
Bernburger Mosaiksteine
Birresborner Mineralwasser
Bischofswerdaer Schnupftabak
Blaubeurer Zement
Bockhorner Klinker
Bodensee Felchen
Boltenhäger Korn
Braunschweiger Wurst
Bremer Zigarren
Breslauer Korn
Briessnitzer Mineralwasser
Bühler Frühzwetschgen
Bunzlauer Tonwaren
Bunzlauer Geschirr
Burgdorfer Spargel
Burger Brezeln
Cadiner Majolika
Coburger Schmätzle (Lebkuchen)
Cottaer Sandstein
Cottbuser Baumkuchen
Cottbuser Korn
Cottbuser Weißbier
Crivitzer Würstchen
Dauner Mineralwasser
Delmenhorster Linoleum
Ditzenbacher Säuerling
Döllnitzer Gose (Bier)
Dortmunder Bier
Dürrheimer Sole
Düsseldorfer Mostert
Eberswalder Spritzkuchen
Einbecker Bier
Elbinger Käse
Elbinger Numme
Elbinger Neunaugen
Elbinger Sauerkohl
Ennepetaler Sensen
Flensburger Rum
Flensburger Tafel-Aquavit
Forster Buckskins
Forster Wäscherei-Maschinen
Freiburger Brezeln
Freyersbacher Mineralwasser
Gassener Landmaschinen
Gaubüttebrunner Muschelkalk
Gerolsteiner Mineralwasser
Glashäger Mineralwasser
Glashütter Uhren
Gnadauer Brezeln
Gnadenfreier Pfefferminzküchel
Gnadstädter Sandsteine
Godesberger Mineralbrunnen
Goldbacher Käse
Gonsenheimer Gelberüben
Gonsenheimer Rosenkohl
Gonsenheimer Spitzenwirsing
Gothaer Servelatwurst
Grabower Porter
Grenzacher Sprudel
Groß-Umstädter Rüben

Gubener Apfelwein
Gubener Filzhüte
Güstrower Milchzucker
Haffziegel
Hagener gedruckte Kattune
Halberstädter Würstchen
Harzer Marmor
Harzer Roller (Kanarienvogel)
Harzer Sauerbrunnen
Hegauer Basaltsteine
Helgoländer Hummer
Herdecker Ruhrsandsteine
Herrnhuter Leinen
Herrnhuter Zwirn
Hersbrucker Hopfen
Holzkirchner Käse
Jura Kalk
Jura Marmor
Kandener Brezel
Karlsruher Majolika
Kieler Matrosenanzüge
Kieler Sprotten
Kirchhainer Schafleder
Klingenberger Ton
Kolberger Salz
Kondrauer Sprudel
Köstritzer Schwarzbier
Kulmbacher Bier
Lauchstädter Brunnen
Lausitzer Granit
Lausitzer Leinen
Lausitzer Tafelglas
Lauterbacher Basaltsäulen
Lauterbacher Feinkäse
Lauterbacher Tonwaren
Lauterbacher Wagen
Lengefelder Wurstwaren
Lenneper Tuche
Lichtenhainer Bier
Liegnitzer Bomben (Pfefferkuchenart)
Liegnitzer Gurken
Lieler Wasser
Lischower Saathafer
Lößnitzer Spargel
Lübbenauer Gurken
Lüneburger Tafelwasser
Magdeburger Baumkuchen
Magdeburger Sauerkohl
Meersburger Keramik
Meißner Chamotte
Meißner Öfen
Meißner Porzellan
Meißner Tonwaren
Mergentheimer Wasser
Miltenberger Rotsandstein
Mittenwalder Geigen
Mombacher Wintersalat
Münchener Bier
M.-Gladbacher Textilwaren
Namslauer Bier
Neukircher Korn
Neußer Öl
Neußer Ölkuchen
Neußer Sauerkraut
Nienburger Biskuits
Niederlausitzer Briketts
Niederlausitzer Leinen
Nordhäuser Kautabak
Nordhäuser Kornbranntwein
Nordseeschellfisch
Nürnberger Lebkuchen
Nürnberger Spielwaren
Oberammergauer Holzschnitzereien
Obernkirchener Sandstein
Ochsenfurter Ätz-Kalk
Ochsenfurter Bier
Ochsenfurter Mainsand
Odenwälder Basalt
Odenwälder Granit
Odenwälder Rotvieh
Odenwälder Rotweizen
Oschatzer Filz
Oschersleber Rotwurst
Ostender Steinbutt
Ostseelachs
Peterstaler Mineralwasser

Polziner Moor
Pommersche Wurst
Postelwitzer Sandstein
Potsdamer Stange (Bier)
Pulsnitzer Pfefferkuchen
Pyrmonter Säuerling
Rathenower Optik
Randegger Mineralwasser
Regensburger Knackwürste
Reichenauer Gemüse
Reichenhaller Latschenöl
Reichenhaller Sole
Remscheider Werkzeuge
Richtenberger Korn
Roisdorfer Brunnen
Rostocker Doppelkümmel
Rothenburger Muschelkalksteine
Rügenwalder Wurst
Ruhlaer Uhren
Rummelsburger Fries
Rupoldinger Marmor
Saale Gerste
Salemer Kirschen
Salzwedeler Baumkuchen
Schlitzer Bleichleinen
Schnaitheimer Dolith
Schwarzwälder Kirschwasser
Schwarzwälder Uhren
Siegerländer Eisenstein
Sodener Pastillen
Solenhofener Bodenplatten
Solenhofener Lithographiesteine
Solinger Stahlwaren
Sommerfelder Verblender
Sommerhäuser Früh-Gemüse
Sommerhäuser Früh-Kartoffeln
Sommerhäuser Frühobst
Spalter Hopfen
Spreewälder Meerrettich
Staßfurter Badesalz
Stolper Jungchen (Käse)
Stralsunder Korn
Streckenthiner Saathafer
Süntelsandstein
Teußner Sprudel
Tölzer Jodquellen
Treuchtlinger Marmor
Tückelhäuser Bier
Überkinger Sprudel
Ullersdorfer Baukeramik
Ullersdorfer Terrakotten
Ulmer Weiß (Steinmehl)
Ulmer Zuckerbrot
Untertürkheimer Spargel
Velberter Schlösser
Veltener Keramik
Vogelsberger Rotvieh
Waltershausener Puppen
Weihenstephaner Käse
Weißenburger Marmor
Westerwälder Steinzeug
Wetterauer Gänse
Wiesbadener Ananastorten
Wiesbadener Pflaumen
Wietzer Rohöl
Windsheimer St. Anna Wasser
Wismarsche Aale
Wobesder Saathafer
Worpsweder Möbel
Wüschelburger Korn
Würzburger Bier
Zerbster Gurken
Zerbster Spargel
Zittauer Zwiebeln
Zizenhausener Figuren
Zörbiger Rübensaft

Sachregister.

Printed in Germany / Hermann Ullrich, Buchdruckerei, Solingen.

Berichtigung.

Folgende sinnentstellende Druckfehler sind zu berichtigen:

S. 3 Z. 14 v. o. lies „heterogenen“ statt „betrogenen“

S. 14 Z. 6 v. u. lies „S. 30 ff.“ statt „S. 41 ff.“

S. 52 Z. 15 v. u. lies „S. 32“ statt „S. 27“.

Kolibri 360 GmbH
Ferdinand-Jühlke-Straße 7
99095 Erfurt, Deutschland
produktsicherheit@kolibri360.de